The Fashion Business

Theory, Practice, Image

是個

時尚好生意

全球時尚菁英的十一堂課，全方位展望時尚奢華產業與流行文化。

全面探討時尚奢華產業中，關於形象打造、流行符號、市場行銷、文化形成、服裝設計師，以及蓬勃飛躍的奢華產業發展脈絡。

尼可拉・懷特Nicola White、伊恩・葛里菲斯Ian Griffiths—— 編著｜許舜青—— 譯

What' s In 009
時尚是個好生意

作　　者：尼可拉‧懷特（Nicola White）、伊恩‧葛里菲斯（Ian Griffiths）編著
譯　　者：許舜青
總 編 輯：許汝紘
副總編輯：楊文玄
美術編輯：楊詠棠
行銷經理：吳京霖
發　　行：楊伯江、許麗雪
出　　版：佳赫文化行銷有限公司
地　　址：台北市大安區忠孝東路四段341號11樓之三
電　　話：（02）2740-3939
傳　　真：（02）2777-1413
www.wretch.cc/ blog/ cultuspeak
http://www. cultuspeak.com.tw
E-Mail：cultuspeak@cultuspeak.com.tw
劃撥帳號：50040687 信實文化行銷有限公司

印　　刷：漢藝有限公司
地　　址：台北縣中和市中山路二段 315 巷 8 號 2 樓
電　　話：（02）2247-7654

總 經 銷：時報文化出版企業股份有限公司
地　　址：中和市連城路 134 巷 16 號
電　　話：（02）2306-6842

更多書籍介紹、活動訊息，請上網輸入關鍵字　華滋出版 搜尋 或 高談文化 搜尋

國家圖書館出版品預行編目資料（CIP）資料

時尚是個好生意／尼可拉‧懷特（Nicola White）
伊恩‧葛里菲斯（Ian Griffiths）編著；許舜青譯.
修訂一版──臺北市：佳赫文化行銷，2010.11
面；　公分 ──（What's in；9）
譯自：The fashion business : theory, practice, image
ISBN：978-986-6271-26-7（平裝）
1. 時尚　2. 服飾業

541.85　　　　　　　　　　　　　　99020608

作者簡介

維萊莉 · 史帝爾 Valerie Steele

　　紐約科技流行學會（Fashion Institute of Technology）美術館館長，也是《流行理論：服裝、身體與文化》（*Fashion Theory: The Journal of Dress, Body and Culture*）期刊的編輯。著有 *Handbags: A Lexicon of Style*、*Shoes: A Lexicon of Style*、*China Chic, East Meets West*、*Fifty Years of Fashion: New Look to Now*、*Fetish: Fashion, Sex and Power*、*Women of Fashion: 20th Century Designers*、*Men and Women: Dressing the Part*、*Paris Fashion: a Culture History* 和 *Fashion and Eroticism*。經常在許多刊物上發表文章，如《鏡頭》（*Aperture*）、《藝術論壇》（*Artforum*）、《視覺》（*Visionnaire*）、*Vogue*，以及《時尚理論》（*Fashion Theory*）。

克里斯多福 · 布里渥德 Christopher Breward

　　倫敦時尚學院歷史與文化研究中心研究員，著有 *The Culture of Fashion* 及 *The Hidden Consumer* 等書，編有 *Material Memories*，並身兼《時尚理論》期刊編輯。目前的研究重點是，流行服飾在倫敦的歷史與文化中所扮演的角色。

史蒂芬 · 甘朵 Stephen Gundle

　　倫敦大學義大利學系資深教授與系主任。著有 *Hollywood and Moscow: The Italian Communists and the Challenge of Mass Culture*，及撰寫有關義大利歷史、政治以及大眾文化的文章。

瑞卡 · 巴克利 Réka C.V. Buckley

　　倫敦大學博士，主要研究女性電影明星以及戰後義大利的大眾文化。

艾美·蒂·拉·海伊 Amy de la Haye

　　倫敦流行學院資深研究院士，也是雪琳·吉爾德（Shirin Guild）的創意顧問。曾任布萊頓博物館與藝術美術館舉辦的「流行與風格」展覽顧問。1991 年至 1998年任維多利亞與亞伯特博物館二十世紀服裝館館長。著有 *Fashion Source Book*、*Chanel: the couturier at work*、*Cutting Edge: 50 Years of British Fashion*、*Concise History of Twentieth Century Fashion*、*Defining Dress: Dress as Object, Meaning and Identity*。

伊恩·葛里菲斯 Ian Griffiths

　　金斯頓大學時尚學院院長（1992~2000年），也是 MaxMara 的服裝設計顧問。在金斯頓大學期間，負責規劃「流行產業的展望」系列演講。該系列演講持續了五年之久，也是本書內容主要來源。他在 2000 年 6 月卸任院長職位，專心從事 MaxMara 創意顧問的工作，不過偶爾還是會從事教職。目前正著手寫一本從業界人士的角度切入，關於時尚歷史與理論的書。

里奇·馬拉摩提 Luigi Maramotti

　　MaxMara 時尚集團主席。MaxMara 的年營業額超過六億英鎊，在全球超過一千個國家有銷售據點，是時裝界最知名也是最成功的公司之一。他希望可以將流行納入學術研究的領域，長期以來一直提供經費贊助金斯頓大學的時尚課程，並且贊助學者從事時尚相關的研究工作（尼古拉·懷特就是其中之一）。MaxMara 還舉辦系列演講，並且每年頒發傑出論文獎。馬拉摩提擁有帕瑪大學（University of Parma）企業管理的學位，並在 1997 年獲頒金斯頓大學榮譽設計博士的學位。

布萊恩·蓋伯德 Brian Godbold

　　瑪莎百貨（Marks & Spencer）設計總監。以服裝設計方面的卓越成績，受聘成為

英國流行理事會的副理事長，以及皇家藝術學院的理事。也是南安普敦大學與西敏斯特大學的榮譽博士、以色列聖卡學院的榮譽院士、皇家藝術社群院士、設計師學會院士、皇家藝術社群大學總裁。

羅‧泰勒 Lou Taylor

布萊頓大學服裝與織品歷史學系教授。著有 *Mourning Dress, a Costume and Social History*、*Study of Dress History*、*Through the Looking Glass: History of Dress from 1860 to the Present Day*。也是《時尚理論》期刊的編輯之一。

凱洛琳‧艾文斯 Caroline Evans

倫敦中央聖馬丁藝術與設計大學（Central Saint Martins College）文化研究系資深教授，時尚學院資深研究院士，倫敦高登史密斯大學客座教授。《流行理論：服裝、身體與文化》期刊的編輯之一。她在時尚歷史與理論方面有多年的教學及寫作經驗，著作甚豐，從服裝秀目錄到學術研究文章都有，並與米娜‧桑頓（Minna Thornton）合著 *Women and Fashion: A New Look* 一書。

瑞貝卡‧阿諾 Rebecca Arnold

倫敦中央聖馬丁藝術與設計學院文化研究學系教授。寫了許多關於二十世紀流行史的文章，著有 *Fashion, Desire, Anxiety, Image and Morality in the 20th Century* 等書。

尼古拉‧懷特（Nicola White）

金斯頓大學藝術與設計學系的教授兼博士後研究員，中央聖馬丁藝術與設計學院講師，主要研究領域是時尚。博士論文 *Reconstructing Italian Fashion* 由 MaxMara 公司贊助出版。另著有 *Versace and Armani*。

contents

引言

尼古拉·懷特、伊恩·葛里菲斯

時尚產業的展望

　　本書內容來自於一系列演講，此演講由金斯頓大學（Kingston University）及義大利服裝製造商 MaxMara 共同舉辦。演講於 1994 年開始舉行，主題是「時尚產業的展望」，目的在探討產業的歷史及理論，希望可以藉此將時尚產業納入當代工業的一部分。金斯頓及 MaxMara 一致認為，這一系列演講對時尚設計學院的學生將有所助益，可以幫助他們對這個領域的智慧結晶有更深一層的了解，而未來，他們所學也將回饋給時尚領域。

　　本系列演講使過去時尚領域中各自獨立的各種研究取向得以整合。從開始舉辦的第一年起，本系列演講每年都邀集不同領域的講師，進行五場不同主題的演說。講師包括歷史學家、大學教授、設計師、工業界人士、雜誌編輯、新聞記者，以及公共關係顧問。大家一致認為，這樣的作法有助於提供一個多理論平台，讓這個原本複雜的領域，得以滋養出一個更有效益、更有歷史觀的研究方向。我們希望藉由了解各種不同理論，而激盪出更燦爛的火花。

　　雖然學術界在時尚研究的研究取向上，向來有很大的歧異，但在本系列演講開始舉辦的時候，這種狀況已逐漸改善。

　　過去十年來，學術界並沒有人特別針對時尚的歷史及理論加以研究，因此在「時尚」這個概念上，我們經常看到不同學派之間的衝突，以及不同研究方法之間的爭辯，這些現象都會反映在本系列演講中。相對之下，在這十年中關於時尚產業的媒體報導，反而扮演重要的角色。

1990 年《*ID*》雜誌有一篇報導寫道：「九〇年代產生許多社會名流及時尚設計師，一些浮誇的報導，將時尚描繪得像搖滾樂或電影一樣充滿夢幻。社會學家兼人類學家瓊安·芬克斯坦（Joanne Finkelstein）則認為時尚已經成為『全球娛樂產業的一部分，每天晚上在電視新聞中強力播送。』時尚業界那種浪漫、狂放、輕率的風格，以及那些光芒外露的設計師對政治的冷漠，都招致一些負面評價，甚至引來國際媒體大加撻伐。」

時下對時尚有一股狂熱，但除非身處在時尚產業這個圈子，否則絕大部分的人並不了解時尚產業的真貌，即使是學院裡研究時尚的教授也是如此。另一方面，雖然學院裡有愈來愈多人開始研究時尚產業的理論與歷史，但時尚產業人士對於學院的研究卻幾乎毫無所悉。一個學門的理論基礎與業界經驗完全分割，這是很罕見的現象。MaxMara 的系列演說就是要突顯這個現象，這樣的努力對業界及學術界都將有所助益，而本書的目的就是希望將這樣的觀點散播給更廣大的讀者。我們希望藉此撫平學術界與實務界之間的隔閡。

二次戰後，關於時尚產業的研究逐漸興起。為因應的這個趨勢，本書將時尚分為三大主題：「時尚理論與文化」、「服裝設計與時尚產業」、「形象與行銷」。這三大主題也是系列演說中出現重要爭論的地方。本書內容從維萊莉·史帝爾針對二十世紀中期以後的時尚歷史研究開始，以期讓讀者對時尚產業有一個宏觀的了解與觀察。

第一個主題是討論時尚理論與文化。首先克里斯多福·布里渥德分析了最近各種研究方法的爭辯（有些爭辯如今已平息）。這些爭辯最後形成了一種結合多種學派的研究方向，這個研究方向將可有效解決目前在時尚領域中一些複雜棘手的問題。艾美·蒂·拉·海伊的研究顯示，時尚與手工技藝之間的關係，最近又重新受到重視。透過對當代設計師及手工服裝的分析，加上對設計歷史及民族風格的研究，提供了一個對業界人士及學界人士都相當有用的研究角度。瑞卡·巴克利與史帝芬·甘朵的研

究，使我們對時尚的核心議題有更進一步的了解。最重要的是，他們不僅把時尚當做檢視理論的試金石，其最終目標是要從學術研究的角度去解開「魅力」這個謎團。

第二個主題是討論服裝設計與時尚產業。本書提供了業界人士的觀點，這個觀點過去在時尚理論的發展過程中一向不被重視。我們的做法正好可以彌補過去的失衡現象，讓實務經驗成為學術研究的重心，而不是偶爾才被提到的案例。不過，事實上，業界人士普遍並不情願成為學術研究的對象。伊恩·葛里菲斯既是學院裡的教授，同時又是一位設計師，在他的章節中，他以他自己的經驗現身說法，從一位業界人士的觀點，檢視時尚學院裡的文獻資料。他認為，服裝代理商可以提供更直接的時尚資訊，而實務工作則可以幫助一個人更了解時尚的本質。里奇·馬拉摩提及布萊恩·蓋伯德則說明了服裝公司的實際經驗可以如何補強學院人士對時尚理論的了解。馬拉摩提揭開了時尚業界中創意的真貌，也解開了許多人對創意的錯誤認知。蓋伯德則提供許多有趣的業界故事，可以驗證當今時尚理論的適切性，證明來自實務界的資料是學術研究的重要參考依據，可以幫助學界人士窺知當代時尚產業的複雜內涵。蓋伯德提供的經驗，讓我們可以再次檢視某些被認為牢不可破的時尚理論，例如服裝設計與大眾市場之間的關係。

第三個主題是討論形象與行銷。本書旨在提供一個學術界的觀點，探討時尚產業究竟用什麼樣的方法、機制以及工具，來呈現自己，並為自己宣傳。羅·泰勒清楚說明了，當代時尚產業如何利用品牌形象為自己的商品加值，讓商品具備超出實際價值的身價。凱洛琳·艾文斯比較了十九世紀末期的百貨公司與世界博覽會，以及1990年代約翰·加里亞諾的服裝秀，透過不同時代的比較分析，檢視現代性以及服裝展示的方式。瑞貝卡·阿諾關於1990年代極簡主義的研究，說明了不斷被重新定義的時尚概念，如何持續抓住我們的目光。尼古拉·懷特則探討義大利的服裝風格與國家定位，證明了對時尚產業及實務運作機制的了解，是解讀服裝定位的不二法門。此外，懷特

也說明了義大利的服裝風格與義大利的工業化能力，兩者之間是息息相關的。

　　本書試圖從不同的角度，探討關於時尚的重要議題。例如，馬拉摩提關於創意與直覺的想法，就與阿諾關於奢華意義的研究不謀而合。我們相信，這是有史以來第一本這類型的書，我們也希望它在許多方面都可以是開路先鋒。一本融合了多種學術領域、同時又包含實務資料的書籍，可以解答許多謎團，為許多問題找到答案，其效果可能遠遠超過我們當初的預期。未來，我們希望可以有更多這類型的作品加入行列，甚至做得比我們更好。

百變時尚 part I

一九四七年，迪奧在他的「新面貌」服裝發表會上，將女性身體擠進一個幾近完美的服裝模子中，男人則包裹在灰色的直筒西裝裡；到了二十世紀晚期，女性可以隨性穿著緊身運動服，男性則穿著萊卡材質的緊身上衣及無袖內衣，悠閒上街。二十一世紀，有人宣告「時尚已死」。

時尚已死？其實時尚本身是生生不息的，永遠有新鮮事、也永遠在改變。時尚的文化在變，時尚產業及時尚的形象也不斷在變。時尚帝國裡有上百種爭奇鬥妍的樣貌，本篇從二十世紀中期以後的時尚歷史開始，為您一一描繪時尚的百變面貌。

第1章

維萊莉·史蒂爾

時尚的過去、現在、未來
Fashion: Yesterday, Today, Tomorrow

時代邁入二十一世紀，時尚線記者泰瑞·艾更斯（Teri Agins）曾宣告「時尚已死」。當然，時尚一直存在，我們不會老穿著T恤和牛仔褲這種分不出性別的服裝，每個人也不會看起來都一樣，許多人仍然非常在意自己的外表裝扮。不過我們知道，時尚真的會消失，五十年來，時尚就改頭換面了好幾次。

時尚帝國有上百種爭奇鬥妍的樣貌，泰德·波漢姆斯（Ted Polhemus）稱之為「風格部落」（style tribe）。波漢姆斯花了許多年的時間，研究年輕文化如何影響街頭風格的形成，他用「風格部落」來形容各式風格並存的現象，例如哥德風、龐克風、饒舌風等。我認為，除了年輕世界外，成人的服裝世界也區隔成不同的風格部落，並且各自被貼上不同的風格標籤。例如，以吉兒·桑德（Jil Sander）為代表的現代主義派，就完全不同於性別風格派（以 Gucci 的湯姆·福特 Tom Ford 為代表）。而反叛風格派（以亞歷山大·麥克昆Alexander McQueen 為代表）便明顯不同於浪漫派（以約翰·加里亞諾 John Galliano 為代表）。這無關乎社經地位或年齡，地位象徵派（以 LV 的馬可·賈柯伯 Marc Jacob 為代表）不見得比前衛藝術派（以 Commes des Garçons 的川久保玲為代表）富有或貧窮，但他們擁有截然不同的價值觀與生活型態。

The Fashion Business

時尚經濟

　　由於風格分化得太精細，我們可以大膽預言，明年的時尚界不會有什麼新面貌，至少不會像克利斯汀·迪奧（Christian Dior）在 1947 年發表的那樣。當年，時尚設計師還可能在女性的服裝風格上創造出截然不同的變化。迪奧推出的第一款服裝設計特點是窄小的肩線、束腰、墊高的胸部與臀部，和過膝的長裙，將女性的身材美感表露無遺。這與二次大戰期間流行的服裝風格截然不同，當時流行的服裝是寬大的肩線、沒有曲線的剪裁，以及短裙。女性對迪奧的服裝趨之若鶩，有些人甚至去修改舊衣服，將裙子加長、除掉墊肩，有些人則開始採購這種全新風格的服裝。當年在英國，迪奧的服裝風格曾遭到工黨及部分社會大眾的抗議，認為這種凸顯女性線條的新面貌是放蕩與墮落的表現。

　　然而，這種服裝卻廣為女性接受，戰後她們熱烈追求女性化的魅力與氣質。蘇珊·瑪莉·艾索普（Susan Mary Alsop）曾寫道：「這種服裝風格解救了我們，硬梆梆的墊肩消失，取而代之的是渾圓柔軟的肩膀、束起的腰線、長及膝下四英寸的蓬蓬裙。有了這種服裝，我們就不需要再穿內衣，緊身的胸線讓胸部及腰部變小，硬挺的薄紗底裙展現彷如芭蕾舞裙般的效果，迪奧先生想要完全凸顯女性纖細的腰部線條。」

克利斯汀·迪奧的「新面貌」，讓女人的身形像一朵盛開的鬱金香。

蘇珊也承認，女裝設計的成本非常高，不過迪奧的新面貌服裝很快便打破價格的限制。時尚產業的結構正在改變，服裝設計從個人工作室轉變成為跨國企業。巴黎成為時尚的首都，而時尚的製造方式則受到美國商標授權及大量製造的工業模式影響。時尚已成為大眾社會的全民運動，這種趨勢在接下來的數十年更加明顯。

1950 年代：順從主流

1950 年代，時尚設計師的性別比例與 1920 年代有很大的不同。賈克思·費斯（Jacques Fath）在 1954 年曾說道：「女性是差勁的時尚設計師，女性在時尚界唯一可以做的事就是穿衣服。」雖然費斯的話充滿挑釁意味，卻也點出了一個不爭的事實。1920 至 1930 年代間，女性幾乎主宰整個法國時尚界，但二次戰後，時尚界新竄起的新星卻都是男性，例如克利斯汀·迪奧、克利斯多伯·巴倫西亞加（Christobal Balenciaga），以及賈克思·費斯。當時尚被視為一種事業及一項高等藝術，而不再是過去那種僅需小額投資的小規模奢華技藝時，女性設計師們便失去立足之地。在本世紀初，珍·浪凡（Jeanne Lanvin）曾利用三百法郎的借貸金，開啟了她的服裝事業。而瑪莎·波薩克（Marcel Boussac）也曾投資五十萬美金建立迪奧公司。

僅有極少數女性可以利用這種借貸模式來建立自己的事業，可可·香奈兒夫人（Coco Chanel）所建立的香水王國就是其中著名的例子。

香奈兒夫人極力破除當時許多偏見，例如，當費斯聲稱「時尚是一種藝術，而男性是藝術家」時，香奈兒夫人卻堅稱：「男性根本不適合幫女性設計服裝。」迪奧在他的「新面貌」服裝發表會上推出的女性服裝款式，對香奈兒夫人來說，簡直就是挑釁。法蘭柯·齊佛瑞里（Franco Zeffirelli）回憶當時的狀況：「簡直就像在公牛前揮舞紅旗一樣。」在法蘭柯的自傳中，曾記述香奈兒夫人對同性戀的反感。香奈兒夫人曾說：「看看他們，一群傻子，穿得像皇后一樣，用這種方式滿足他們的幻想。他們自

己想做女人,所以也要讓真正的女人看起來活像個異性裝扮癖。」

女性設計師一直到後來,受到社會變遷(例如女性解放運動)及時尚產業結構性改變(特別是成衣的時尚)所帶來的連帶效應影響,才開始追求性別平等。雖然時尚界有許多設計師是同性戀,但同性戀卻一直遭到社會的歧視,尤其在發現了愛滋病以後更是明顯。

回顧戰後時代,就在二次世界大戰一結束、冷戰剛開始之□,時尚界籠罩在一片順從主流的氛圍中,每個人都害怕與眾同。如同一則美國男裝廣告所說的:「有人在看著你!不要穿衣服,你無法承受穿錯衣服的代價!」如果男性被要求穿著充滿男子氣概的服裝,女性則被期望穿著充滿女性魅力的衣著。

時尚作家伊芙・馬利安(Eve Merriam)描述女性時尚雜誌如何強調順從的重要性時說:「時尚報導就像國王的召喚一般。你會讓國王等待嗎?不會。那麼就接受國王的命令,不要質疑。今天流行厚重材質、穩重與顯眼的設計,明天流行輕薄的質料與輕飄飄的感覺。你要不就順從時尚,不然就回去做個鄉下村姑。」

一位時尚雜誌編輯曾在 1950 年代的電影《有趣的臉》(Funny Face)裡提出「粉紅萬歲」的概念,立即引起女性爭□追求粉紅魅力──只有那位雜誌編輯得以免除這粉紅魔咒。□天的時尚雜誌裡已經看不到這種命令式的文字,因為那只會

香奈兒一直都是自己服裝的最佳代言人。

瑪麗‧關開啟了 1960 年代迷你裙時尚風潮，
她將迷你裙的出現歸功於倫敦街頭的少女。

引起大眾的憤怒與嘲弄，而不再是順從。
為什麼會有這樣的轉變呢？那得要回溯到
1960 及 1970 年代時尚界的變化，尤其是年
輕世代狂潮的興起及反時尚風氣的盛行。

現代派狂潮

自學出身的英國服裝設計師瑪麗‧關
（Mary Quant）不贊成女性時尚界那種順從
主流的風氣。早在 1955 年時，她就在英國
國王路上開了她的第一家服裝店，這家店在
倫敦成為現代派及搖滾樂迷，以及那些熱愛音樂、追求自我風格的年輕人最愛去的地
方。她在自傳中寫道：「我一直希望年輕人能有自己的時尚風格。對我來說，成年人
已經沒什麼吸引力，他們嚇人、矯揉造作、條件有限、甚至醜陋。我根本不想涉足成
人服裝的領域。」瑪麗‧關設計的服裝都很簡單而且便宜，風格介於年輕女孩及藝術
派學生之間，裙子長度縮短，充滿年輕朝氣。

瑪麗‧關的丈夫兼事業夥伴亞力山大‧普朗克‧葛林（Alexander Plunket Greene）在
1987 年接受《滾石雜誌》（*Rolling Stone*）的訪問時說道：「現在這種設計看起來非常
突兀，彷彿有戀童癖，不是嗎？」五十幾歲的倫敦時髦女性不再穿著高跟鞋，也不再
墊高胸部，取而代之的，是像小女孩一樣的裝扮，露出長長的兩條腿。

The Fashion Business
時尚經濟

1961 年，披頭四崛起，瑪麗·關開始大量製作迷你裙，比女性開始流行將裙擺長度縮短至膝蓋以上，要早了好幾年。瑪麗·關在倫敦掀起的服裝風潮逐漸影響到全球時尚界，甚至連巴黎都受到影響。

1961 年，法國服裝設計師安迪·柯立茲（André Courrèeges）推出他的第一款迷你裙，還聲稱：「我是創造迷你裙的第一人，瑪麗·關只是將迷你裙的概念商業化而已。」不過瑪麗·關對此聲明很不以為然，她說：「創造迷你裙不是我，也不是柯立茲，而是街頭的那些女孩。」雖然瑪麗·關的成功並未帶動新一代女性設計師的興起，但瑪麗·關的出現確實開啟了時尚界年輕世代風格的革命性風潮。

年輕世代服裝風格始於街頭，由一群極端重視自我風格的年輕勞動階級開始，這群年輕人通常被稱為現代派（mods, modern 的縮寫）。在 1950 年代，男裝的風格偏向穩重與樸素，但自從年輕世代文化興起後，英國年輕男性的穿衣風格變得色彩豐富與時髦、重視肢體線條，並強調衣著對異性的吸引力。這種轉變被稱為「孔雀革命」。

年輕世代文化植基於音樂、時尚、性與毒品。根據精品店主約翰·史蒂芬（John Stephen）表示，當披頭四及滾石合唱團自成一種風格時，「歌迷開始在意自己的衣著，甚至想穿得和偶像一模一樣。」迷你裙的流行可能是間接受到避孕藥普及的影響；而對性的態度改變，也進一步影響了男性的服裝時尚風潮。馬克·帕瑪爵士（Sir Mark Palmer）回憶道：「有一段時間，男性不敢穿顏色太豐富的衣著，怕被投以異樣眼光。」不過自從 1967 年同性戀在英國合法化以後，男同志便不再那麼因為害怕遭到迫害，而刻意掩飾自己的性傾向。

「性的交媾始於 1963 年」詩人菲力普·拉金（Philip Larkin）曾用寬恕的口吻如此誇張的描述。不可諱言，性觀念的改變對時尚產業有著重大的影響。二十一世紀的時尚產業變得前所未有的煽情及毫無禁忌，1960 年代的年輕世代文化狂潮肯定在其中有著重要的影響。

現代派風格很快成為一種全球性的時尚風潮，人人都想成為現代派。《國際生活》（Life International）雜誌在 1966 年 7 月曾刊載一篇名為「搖滾革命風行全球」（Spread of the Swinging Revolution）的文章，其中寫道：

　　一開始是那些崇尚現代派的年輕人，將大部分的金錢用來購買華麗的衣著。現在那些浮誇的蕾絲及花邊造型，已開始出現在英國其他社會階層的服裝裡。就像英國戲劇一樣，倫敦的男裝風格開始影響其他國家的服裝，甚至在巴黎及芝加哥等大都會區，都可看見英國服裝的風格，最後，全球的男裝風格都因此而改變。

　　在此同時，巴黎有些設計師開始嘗試新的方向，聖羅蘭（Yves Saint Laurent）在 1960 年為迪奧公司設計極具爭議性的「搖滾裝」（Beat Look）。受到披頭樂迷影響的聖羅蘭，在叛逆的年輕人服裝上作畫，例如機車騎士的黑色皮夾克。數年後，聖羅蘭還推出一個成衣品牌：Rive Gauche。聖羅蘭曾說：「對我來說，成衣不是終點，而是一種女裝風格，它就是未來。它讓女性看起來更年輕、更可人、更自主。」

　　未來感是年輕的象徵，這種元素在法國特別重要，因為與英美比起來，法國並沒有真正的年輕世代文化或音樂元素。安迪・柯立茲在 1964 年推出「太空年代」（Space Age）及「月球女孩」（Moon Girl）系列服裝，包括白色套裝及迷你裙、搭配長統靴及其他具太空感的配件。當時英國一家雜誌如此描述：「柯立茲傳達了一個強烈而清楚的訊息：大膽鮮明而簡潔的服裝，輔以精確的科學計算，表現出迷人的科學之美。這種服裝在人造衛星尚未問世前，是不可能出現的。」科技不斷進步，從塑膠、人造纖維到工業用拉鍊，科技一直朝著希望無窮的未來前進。美國的 Vouge 雜誌

1965 年有一則廣告，寫著：「拉上拉鍊，跳起來、準備前進，耶！」、「不要限制、不要牽絆……每件事都朝氣蓬勃，隨時準備出發。」

嬉皮宣言：自我即時尚

嬉皮文化最早從美國開始，之後漸漸風行全球，它是改變年輕世代文化的重要因素。時尚歷史學家布魯諾・羅素（Bruno de Roselle）曾經分析年輕世代反時尚風氣與嬉皮文化之間的關係。嬉皮文化認為，時尚是一種「社會加諸在人類身上、限制人類自由的系統」。時尚讓人類變成「消費者」，讓我們必須不斷購買新衣服，「即使舊衣服仍然完好，也要去買新衣服。」嬉皮文化與經濟學家對資本主義的批判，其實是源自相同的信仰，他們的哲學是：「時尚是一種不斷循環的謊言」。

聖羅蘭的「蒙德里安裙」。

時尚是有害的，因為「對主流的服從會讓我們失去自我。服裝本來是一種傳達自我訊息的工具，但時尚讓我們無法忠於自我，連帶也讓我們無法成為一個獨立的個體。」根據嬉皮人士的說法，要解決這種困境，最好的方法就是「放棄主流，創造屬於自己的時尚風格」。如果每一個人都可以創造自己獨特的風格，就可以完全「表達自我」，並且「做自己該做的事」，這正是社會對我們的期待。因此每個人都應該反

蒙德里安作品「油畫第一號」，是左頁聖羅蘭女裝的靈感來源。

抗主流系統，不管這套系統是時尚體系、資本主義、還是整體社會。

　　嬉皮人士抗拒當代時尚風潮，取而代之的，他們在懷舊與民族服裝中尋找靈感，原住民服裝及游牧民族裝扮是最顯著的例子。嬉皮女人喜歡長裙，而嬉皮男人則穿著象徵意義濃厚的服裝，例如裝飾著流蘇的麂皮上衣，就像美國原住民的裝扮一樣。這些服裝剛開始是手工製作，或從二手貨商店中購得，但不久就有企業家嗅到商機，而開始大量製作這類服裝。

　　嬉皮風格很快就成為時尚的主流。1967 年美國 Vouge 雜誌表示：「提摩士・賴瑞（Timothy Leary）所提出的時尚曲線——創新、接受、退出——也同樣適用於嬉皮風格的時尚過程。」《滾石雜誌》評論家理查・哥斯坦（Richard Goldstein）說：「現在，美麗是自由的，不再受限於任何服裝的形式、功能、傳統或設計。60 年代的創意是百家爭鳴的，彷彿受到虛幻女神的洗禮，各種風格都可能出現，像風箏一樣高、像月亮一樣純潔、時髦的、威嚴的、詭異的……等，兼容各種風格。」

　　在 1960 年代的騷動過後，很多人誤以為 1970 年代會比較平靜。其實不然。雖然

政治激進思想在越戰過後逐漸平息，但毒品問題及性觀念的改變，卻轉而成為主要的社會現象。從 1970 年到 1974 年間，時尚仍然延續 1960 年代末期的主題，例如狂野風（以平底鞋及熱褲為代表）、奇幻風及民族風的影響等。總括來說，1970 年代初期的服裝訴求年輕、自由，及其他反文化價值（例如追求平等、反資本主義），可說是嬉皮文化的晚期發展。

1970年代：被品味遺忘的年代

不過，在 1975 至 1979 年間，時尚變得既尖銳又保守。在街頭風格方面，不同於嬉皮文化強調愛與和平，取而代之的是龐克族的性與暴力，以及同性戀族群的陽剛風格。在全球時尚舞台上，則是由一種刻意表現墮落的「恐怖份子風格」（Terrorist Chic）當道。在此同時，中產階級則開始流行運動服裝及商務套裝。

從 1970 年代開始，時尚界最令人矚目的發展就是裙襬長度的拉長。1970 年 1 月，巴黎時裝界開始流行長裙。雖然在往後十年，裙擺長度不斷縮短，但長裙最後依然再度席捲全球時尚界。《生活》（Life）雜誌曾經發表過一篇名為「裙長問題」的封面文章，感嘆迷你裙時代已經結束，還認為迷你裙是代表了年輕及性吸引力。許多女性對迷你裙相當反感，因為她們對時尚的善變感到厭煩，反而對嬉皮文化堅持穿出自我的信念感到認同（嬉皮族一向穿著長裙，而且往後幾年還不斷加長裙長）。這股反迷你裙的潮流在時尚史上非常重要，從此以後，大多數女性不會再因為追求時尚，而改變裙子的長度。

女性漸漸的開始穿著象徵男性權威的褲裝，她們甚至穿著褲裝套裝去上班，這是

二十世紀時尚史上另一個重要的轉變。此外不管男性或女性，他們都喜歡在休閒場合穿牛仔褲。雖然一般人總是將牛仔褲與1960年代聯想在一起，不過牛仔褲其實在1970年代有著前所未有的重要性。雖然牛仔褲進入時尚產業的資歷很短（並且以各種不同造型問世），它們卻很快占有重要地位，因為它們象徵年輕、自由與性吸引力。

記者克拉拉·皮爾（Clara Pierre）在她 1976 年出版的《前景看好：時尚的解放》（*Looking Good: The Liberation of Fashion*）一書中提到：「1970 年代是反時尚的年代，人們可以自由決定自己要在什麼時候、什麼地方、穿什麼衣服。」嬉皮文化打破了所有成規，卻永不忘記取悅自己。雜誌編輯或服裝設計師之類的時尚仲裁者，如果膽敢對外宣稱哪些是時尚、哪些又是過時的東西，那他們可能會被冠上「時尚法西斯主義者」的封號。因此時尚線上的記者紛紛在文章中大肆採用「自由」及「選擇」等語言，不斷向讀者保證「時尚是女性自由與快樂的表現，她們可以決定自己在什麼時候要做什麼事。」就像英國*Vouge*雜誌中所說的：「時尚舞台的真正主角，就是你自己。」

有些設計師非常了解時代的時尚趨勢，聖羅蘭就是一例。《女裝日報》（*Women's Wear Daily*）在 1972 年表示，「聖羅蘭是現代的香奈兒」。聖羅蘭就像香奈兒夫人一樣，率先在女裝中表現男性風格，但又不失女性魅力。演員凱薩琳·丹妮芙（Catherine Deneuve）指出：「聖羅蘭為女人創造了兩種生命。他設計的服裝讓女人可以面對陌生的世界，讓女人可以毫無畏懼地去任何想去的地方。服裝中的男性風格帶給女人一種力量，讓她可以面對任何可能的阻礙與挑戰。到了晚上，當女人與愛人約會時，聖羅蘭的服裝又讓女人充滿吸引力。」

在 1970 年代，女性魅力有許多表現方式。許多年輕人特別喜歡「狂野風格」，例如熱褲與平底鞋，並且刻意違背傳統的品味及教條規範。「頹廢」風格逐漸盛行，包括超薄短上衣、刻意弄縐的超長外套、螢光色的萊卡緊身衣、以及亮銀髮飾等；聚

酯纖維的中空上衣短到腰線畢露，而連身洋裝則是開叉高到胯部。英國 *Vouge* 雜誌在 1971 年曾質疑：「品味低劣不好嗎？」暗喻人們有打破傳統、尋求解放的自由。在這麼自由解放的年代，難怪 1970 年代會被比喻為「被品味遺忘的年代」。

在此同時，部分時尚設計師，例如豪斯頓（Halston）及卡文・克萊（Calvin Klein）帶頭推出一種全新的極簡現代風潮，簡單的喀什米爾羊毛衣或絲絨洋裝，可以讓女性看起來既性感又成熟。夜晚的時尚圈充滿性感與音樂，迪斯可舞廳原本是同志聚集的地方，但很快普及廣大社會。迪斯可裝扮強調反光功能，而且要能完全展現肢體曲線。迪斯可潮流讓內衣變成外衣，尤其是纏繞著線圈的絲質垂墜洋裝，在當時特別風行。

龐克風：性與暴力

另一方面，龐克搖滾風刻意製造一種「反叛風格」，最顯著的特徵就是撕裂的 T恤、馬丁大夫的厚靴子，以及原始民族的髮型。如同狄克・西迪（Dick Hebdige）在《次文化》（*Subculture: The Meaning of Style*）一書中，為龐克風格所下的定義：

> 安全別針貫穿臉頰、耳朵及嘴唇，用來當作恐怖的裝飾品。廉價的纖維材質（例如塑膠、銀絲線等），佐以低俗的設計（例如仿豹紋設計）和令人作嘔的顏色，那些時尚產業早已唾棄的庸俗過時作品，又重新被龐克族拿來大作文章穿在身上，還自認這樣的服裝具有現代感和品味。最特別的是，龐克族將原本只出現在臥室、衣櫃及春宮電影那些極具爭議的性愛圖騰，大膽地表現出來穿上街頭。

比安全別針及印地安原住民圖騰更引人注目的，是龐克族的混搭技巧，就是隨意將各種不同元素湊

在一起的穿衣策略，例如軍用物品搭配性感內衣。龐克風一開始帶給人詭異恐怖印象，但卻在極短的時間內影響了全球時尚界。薇薇安·魏斯伍德（Vivienne Westwood）是龐克風的主要代表人物，充滿性暗示的 T 恤和緊身褲，是她最引人側目的地方。不久之後，尚·保羅·高帝耶（Jean Paul-Gaultier）也推出內衣外穿的服裝款式，而黑色皮革更成為當時最流行的服裝元素。

龐克女王薇薇安·魏斯伍德，攝於 1996 年。

蓋·伯汀（Guy Bourdin）及漢姆·紐頓（Helmut Newton）等時尚攝影師，也大力描繪暴力及色情。紐頓的作品經常表現女性的搏鬥（女性通常都處於優勢地位）或女性從事性交易。紐頓曾擔任恐怖電影《神祕眼》（*The Eyes of Laura Mars*）的顧問，這部電影主要描述時尚攝影師費·唐娜薇（Faye Dunaway）的故事。唐娜薇的工作充滿性與暴力，其中有一個場景描述兩位穿著內衣、高跟鞋與皮草外套的模特兒，在一輛燃燒的汽車前互扯頭髮。蓋·伯汀則特別強調性與死亡的關係。他曾為查理斯·喬登（Charles Jourdain）拍攝一支頗受爭議的皮鞋廣告，廣告描述一場致命車禍，其中一位罹難者的鞋子就掉在馬路的另一頭。1990 年代的廣告延續這種風格，並加入當時流行的「海洛因話題」。攻擊與暴力的畫面在當時的確帶給許多人情色的聯想與吸引力。

聖羅蘭進一步詮釋這種性別混淆的情色特質，最著名的是他的燕尾服女裝系列「le smoking」。漢姆·紐頓還曾在法國*Vogue*雜誌上為這個系列服裝拍過宣傳照。另一方面，聖羅蘭的晚宴服則重拾嬉皮文化最鍾愛的少數民族風情。聖羅蘭於 1976 至 1977 年間推出俄羅斯服裝系列「俄國芭蕾舞者」（Ballets Russes），充滿了東方風情的迷

薇薇安·魏斯伍德是英國開山級時尚大師,至今
仍創意不減、靈感充沛。(Vivienne Westwood 2007
S/S 時裝秀,麥美雲 攝)

幻感，極盡奢華，例如貂皮滾邊鑲著金色錦鍛的哥薩克外套、七彩絲緞製成的吉普賽長裙等等。《紐約時報》曾在頭版頭條上寫著：「這是一場革命，即將改變全球時尚圈。」《國際前鋒論壇報》（*International Herald Tribune*）也表示：「這是巴黎時尚界有史以來最戲劇性也最奢華的服裝秀。」

有些評論家認為這個服裝系列太過「懷舊」、太像「演員戲服」，不夠實穿。不過美國 *Vogue* 雜誌則堅稱：「聖羅蘭只是要提醒我們，高級女裝本身就是一種戲服，……用來展現歷代設計師的設計功力。」直至今日的時尚界，這種奢華風格依然存在，設計師約翰‧加里亞諾（John Galliano）就曾仿照過去的奢華風，創造出浪漫迷幻的時尚風潮。

義大利時尚設計師

Armani

巴黎一直是浪漫風潮的首都。但到了 1970 年代晚期，米蘭成衣潮流的興起，開始威脅法國在時尚界的龍頭地位。羅馬的時裝主要仿效巴黎時裝界，但米蘭卻展現出不同於巴黎的獨特風格。《新聞周刊》（*Newsweek*）在 1978 年指出：「相較於浪漫迷幻的法國服裝及巴黎服裝店員的傲慢態度，消費者寧願去別的地方買衣服。」嚴格來說，米蘭的服裝並不算高級女裝，但卻有強烈的自我風格。「它們剪裁合宜但不流於俗套，有創意但又不會太戲劇感。這些衣服是給真實世界的人穿的（雖然穿這些衣服的都是有錢人）。」

工作中的喬治歐‧亞曼尼。

　　由於有義大利紡織工廠的配合，米蘭時裝設計師得以製造出高品質的成衣──一種結合美式休閒運動風與歐洲奢華風的衣著。約翰·費喬德（John Fairchild）曾在《女裝日報》上回憶：「義大利是第一個製作出高級運動休閒服裝的地方。」喜愛義大利服裝風格的消費者有男有女，他們穿的服裝不但要義大利製的，還要有義大利的風格。

　　當喬治歐·亞曼尼（Giorgio Armani）在 1982 年登上《時代雜誌》封面時，文章一開頭就引用皮爾·柏格（Pierre Berge，聖羅蘭的事業夥伴）的話。柏格在被問及義大利的時尚風格時說：「除了義大利麵和歌劇外，義大利人沒有其他可稱道的事情！」更反問記者：「亞曼尼曾經真正影響全世界的任何一件服裝，或一句時尚口號是什麼？」這是一個很不客氣的質疑，那位美國記者傑·考克（Jay Cocks）也很不客氣的回應：「輕鬆的夾克、休閒中帶著高雅，……只有手工訂製的服裝才能達到這種境界……，這是服裝史上一種全新的解放與自由。」

　　早在 1970 年代中期，亞曼尼就開始將男性服裝的線條變得更加柔軟。他屏棄剪裁呆板、陽剛味十足的西裝，改以休閒夾克代替，沒有墊肩、也沒有僵硬的內襯，肩部線條放低、放寬，翻領，臀線也拉低。亞曼尼使用更柔軟、更容易整理的高級質料（例如喀什米爾羊毛及絲毛混合的材質），這種質料的觸感極好，比織法緊密的傳統羊毛西裝更具吸引力。同時，亞曼尼也擴大男性服裝的色系，除了像海軍藍、鐵灰色等傳統常用的男性顏色外，亞曼尼更增加其他溫暖色系，例如駝色。之後，亞曼尼轉向女裝發展，並將他的男裝風格運用在女裝上。

　　亞曼尼的服裝（以及大部分義大利風格的服裝）之所以造成流行，如時尚線記者伍迪·哈斯汪達（Woody Hochswender）所評論的，很大部分是因為它們「填補了 60 年代反建構思潮，以及 80 年代拜金風潮之間的差距」。如果說傳統量身剪裁的西服表示一個人的體面，亞曼尼讓它又多了性感與權力的象徵，不管男裝或女裝都是如此。亞曼尼的西服給人感覺自信與高雅，性別的界線不再那麼清楚，女性套裝給人權力感，男性則多了性感。

Versace

　　吉安尼・凡賽斯（Gianni Versace）是另一個重要的義大利時裝設計師，也是音樂家及演員們最喜愛的設計師。他將豐富的色彩及巴洛克元素加進搖滾樂的時尚潮中。自從普奇（Pucci）的迷幻印花風格問世後，時尚界開始充滿豐富的色彩與多樣化的設計。凡賽斯的皮件設計也是色彩艷麗，尤其是他在 1991 年推出的 S&M 系列。這個系列讓許多不同社群的人開始接觸以往同性戀專屬的的皮革裝扮。而他最著名的單品，莫過於伊麗莎白・赫莉（Elisabeth Hurley）穿在身上的新龐克釘扣系列服裝。凡賽斯遭到暗殺是時裝界的一大損失，不過他的妹妹多娜泰拉（Donatella Versace）仍繼續為他的公司設計服裝。

Prada

　　在凡賽斯之後，義大利的服裝設計新秀輩出，繆琪亞・普拉達（Miuccia Prada）就是一例，她是許多時尚雜誌編輯最愛的設計師。普拉達是一家皮件公司的繼承人，她在 1980 年代中期推出一款黑色尼龍後背包，讓她因此聲名大噪。這款後背包打破當時的階級印象而廣受歡迎，就像當年香奈兒推出的金色襯裡錢包「guilt'n quilt」一樣。自此以後，普拉達很快就因為她結合古典與現代的前衛風格而受到矚目。除此之外，還專為年輕女孩推出第二品牌 Miu Miu。

豐富多彩、創意非凡的 Versace 時裝（Versace 2007 S/S Collection）

Gucci

1990 年代，美國設計師湯姆‧福特（Tom Ford）受邀擔任 Gucci 的首席設計師，讓這家垂死的服裝公司一躍成為全球最熱門的品牌之一。湯姆‧福特以超級性感的服裝及讓人愛不釋手的配件，讓 Gucci 在全球時尚舞台上占有一席之地。福特曾說，今日的時尚舞台已經不再有國籍的區別了。

日本時尚設計師

美國設計師可以為義大利時裝公司工作，英國設計師可以為法國時裝公司設計服裝，而澳洲設計師則可以在紐約開公司。德國籍的吉兒‧珊德（Jil Sander）及比利時的安‧德穆魯梅斯特（Anne Demeulemeester）都是國際知名的設計師。過去也有許多跨文化的知名設計師，例如斯基亞帕雷利（Schiaparelli）及巴倫西亞加（Balenciaga）都不是法國人，但卻都在巴黎達到事業巔峰。在時尚界一片國際化的聲浪中，日本時裝卻在 1980 年代逐漸嶄露頭角，象徵前衛藝術潮流的開始。

川久保玲

《國際前鋒論壇報》的服裝主筆舒茲‧孟吉斯（Suzy Menkes）曾如此形容川久保玲在 1983 年為 Commes des Garçons 推出的春夏新裝：「在伸展台上，像戰士般的模特兒隨著有韻律的節奏大步走來，她們穿著墨黑色的大外套，寬大的外套完全掩蓋模特兒的肢體曲線，遠遠看去完全沒有形狀，也沒有輪廓。」孟吉斯還說：「川久保玲嘗試創造一種不帶任何女性特質的服裝。」對於這樣的服裝秀，大部分記者都感到震驚，紛紛用哀悼、貧瘠、戰鬥等意象來形容這場服裝秀，表示這種服裝只會讓女性看起來活像穿著「核子彈外套」。

當年美國*Vogue*雜誌撰文報導川久保玲的服裝秀時，一位憤怒的讀者反應：「怎麼

會有人想花 230 美元去買一件破布！」當時柏格朵夫‧古曼（Bergdorf Goodman）公司的副總裁暨時尚總監瓊‧凱諾（Joan Kaner）表示：「川久保玲的衣服看起來很有趣，但並不實穿。人們會願意花多少錢去買一塊破布？」新潮流派的日本時裝看起來都很寬鬆、笨重、尺寸超大、而且懷有敵意。凱諾抱怨：「這種服裝完全無法表現女性線條，只對健康有益。我們為什麼要讓自己看起來像個購物袋？」

然而，經過多年以後，前衛藝術時裝開始被接受，尤其是某些藝術風格派的接受度更高。有些鑑賞家則開始認為，川久保玲聲名狼藉的「撕裂裝」並不是真的撕裂。現在流行的洞洞裝其實是蘊含了設計師的巧思與技巧的作品。根據川久保玲自己的說法：「紡織機器讓時裝變得愈來愈像織得毫無瑕疵的制服。它們讓人感覺很空洞，不是完美。相對地，手工縫製的服裝則可以達到完美的境界。但因為手工服裝很難製作，因此我們將機器的螺絲弄鬆，讓它們不要太正常運轉，以免做出太像制服的服裝。」川久保玲設計的毛衣在今天已被維多利亞與亞伯特博物館（Victoria & Albert Museum）選為時尚代表作品，被視為二十世紀晚期重要的時裝發展指標。

山本耀司、三宅一生

除了川久保玲之外，日本最具影響力的設計師是山本耀司及三宅一生，他們兩位都備受其他設計師推崇。三宅一生被視為是時尚界的真正藝術家，他對紡織技巧的深入研究，對時尚界有著革命性的影響。山本耀司兼具時裝設計的熱情與突破傳統藩籬的勇氣，對後代影響力非常深遠。

1990年代：顛覆再顛覆

到了 1990 年代，日本時裝的前衛風格傳到了歐洲。一如川久保玲，馬汀‧馬吉拉（Martin Margiela）堅守解構與實驗的精神，他將回收舊衣再利用的作法，對時裝界產生

特別的影響。他將法國軍隊的襪子拆掉重新織成毛線衣,又將舊的皮外套剪開做成晚宴服。比利時的年輕設計師安·德穆魯梅斯特對墨汁般的深黑色感到著迷,而當初提倡墨黑色的川久保玲,如今則開始喜歡另一種截然不同的顏色——粉紅色。

高帝耶

性與性別一直是時尚界關心的核心文化議題。聖羅蘭含蓄地將性魅力與叛逆性融合在一起,而高帝耶則高調提倡性與性別的特性。高帝耶強調:「男人和女人一樣,可以很女性化。」他的作品一向顛覆傳統性別角色,在他的系列服裝「上帝創造男人」(And God Created Man)中,就為男人設計了裙子;而在「兩個人的衣櫥」(Wardrobe for Two)系列服裝中,設計的重點則是雙性人。如同高帝耶在 1984 年所説的:「性別融合是一種遊戲。年輕人知道,穿得像妓女並不表示就是妓女,也許那些穿著香奈兒套裝的淑女才是真正的妓女。我只是試著讓男女兩性都能展現他們的性魅力。」

此外,高帝耶也是低級品味的倡導者。他説:「我喜愛所有的東西,不管是美的還是醜的。……我喜歡不同種類的美。」他在模特兒身上恣意展現奇異服裝,而他的模特兒也很顛覆傳統——胖的、老的、滿身刺青的、身上到處穿孔的。當法國 *Vogue* 雜誌到布魯克林去為高帝耶的 Hasidic 系列服裝拍照時,就遭到許多猶太教徒的抗議(Hasid 是 1750 年發起於波蘭的猶太神祕宗教,主要信仰是反抗理性主義並遵守嚴格的宗教儀式)。他創造偶像形象的手法對時尚界有很大的影響,最具代表性的就是他為瑪丹娜設計的緊身衣。其次,他顛覆傳統分類方式的做法,也讓人印象深刻。

拉克華

此時,在時尚世界中,社會階級變得不再清楚,一部分原因是,時尚界在 1980 年代大量採用那些新冒出頭的暴發戶的服裝風格。1980 年代一向被認為是「貪婪」與「物質過剩」的年代。媒體一面倒地報導金錢文化、債券及社會地位等主題。1987 年

股市崩盤，同年正好克莉斯汀·拉克華（Christian Lacroix）的時裝店在紐約開幕，許多人就把這兩個事件聯想在一起。社會記者茱莉·波高登（Julie Baumgold）就曾在〈在火山上跳舞：克莉斯汀·拉克華的毀滅力量〉一文中提到：「拉克華的服裝總是那麼奢侈、過度華麗，像是要永遠撕裂社會的不同階層。」

拉克華的服裝非常華麗：誇張的蓬裙，裝飾著花環、流蘇、緞帶；大量使用紅色、粉紅色與金色；上印有條紋、大圓點，及玫瑰花，而且要價不斐，每件一萬五千美元至三萬美元不等。這種風格像在宣告這是一個盲目追求物質享受的墮落社會。不過，事實比這複雜許多。社會階級在 1980 年代是一個重要的議題，現今的社會也是一樣，只不過在現在，追求社會地位的慾望，往往與追求年輕及時髦的慾望並存。而何謂年輕與時髦，往往取決於一個人處於哪一種風格社群中。

拉格斐

所有高級品牌都希望自己的服裝能加入年輕的元素，即使是歷史悠久的品牌也是。因此，香奈兒在 1982 年邀請卡爾·拉格斐（Karl Lagerfeld）擔任設計師。記者傑佛爾·艾羅亞羅（Javier Arroyello）曾如此形容拉格斐：

他打破了老氣沉沉的香奈兒服裝，就像破除木乃伊的魔咒一樣。他喜歡將自己視為急診科醫師，目的是要讓知名的套裝恢復年輕感，這些套裝一成不變，幾乎成為中產階級的上班制服。其改造手法包括：重複使用風格強烈的素材（他用皮革和丹寧布取代香奈兒套裝原本的金色滾邊花呢），以及大膽的修改路線（包括肩線加寬、寬大的夾克、銳利的線條）。

卡爾·拉格斐在 Chanel 2005 年秋冬時裝發表會謝幕。

有些人認為拉格斐降低了香奈兒的格調,但事實上,香奈兒服裝的銷售數字卻因此急速上升,而且顧客的年齡層也從原本的五十歲降低到三十歲。一位年輕的英國時尚雜誌編輯就曾說:「香奈兒服裝在拉格斐之前幾乎沒有線條可言。」拉格斐憑著創新與破除傳統的勇氣,成功讓香奈兒的服裝變得更年輕。他說過:「香奈兒有她的傳統」,但他也強調,在端莊套裝之外,香奈兒絕對還有其他的發展空間。

此外,為了加入街頭時尚的元素,拉格斐讓模特兒裝扮得像街頭嘻哈族一樣:粗粗的金鍊子、大大的金色耳環、以及紐約單車族常穿的緊身上衣。有些嘻哈族則試著將荷姆·波茲(Home Boyz)設計的寬鬆上衣和籃球帽,與香奈兒的戰鬥靴混搭在一起。一位模特兒說:「我們都有香奈兒的戰鬥靴,因為那看起來比較有格調。而且它們真的很好穿。」

運動風

運動風和時尚音樂一樣,都是當代時尚的最重要元素。這股風氣行之已久,我們可以從美泰兒(Mattel)玩具公司在 1984 年推出的目錄中一窺端倪,目錄中印有剛上市的「運動芭比」造型,一旁的廣告詞則寫著:「最新時尚:有氧舞蹈」。芭比娃娃在目錄中穿著運動服,體態健美,一副走在時尚尖端的模樣。1980 年代強調建美體型,舉凡有氧舞蹈、慢跑、體雕等運動,都對當時的時尚風潮有顯著的影響。

對肢體線條的重視,是時尚潮流的重要發展,它的重要性等同於 1960 年代的迷你裙。迪奧在他的「新面貌」服裝發表會上,將女性身體擠進一個幾近完美的服裝模子中(男人則包裹在灰色的直筒西裝裡);到了二十世紀晚期,女性可以隨性穿著緊身運動服及各種護具,男性則穿著萊卡材質的緊身上衣及無袖內衣,悠閒地在市郊風景區閒逛。服裝的新材質是推動時尚的動力。隨著各種伸展素材的問世,市面上出現各種多功能的「智慧型材質」,例如只要小面積就非常保暖的質料。今天,許多歐洲

及美國的設計師都努力在迎合市場的運動風潮，因為時下不論男女都強調健康的時尚觀，而且也都努力讓自己維持健美的體型。

　　時尚的文化在改變，時尚產業及時尚形象也不斷在改變。雖然如此，時尚本身是生生不息的，永遠有新鮮事、也永遠都在改變中。

Giorgio Armani 2008 EA 7 秋冬系列。

時尚文化研究

part 2

文化研究包含多種學派，時尚文化研究則讓這些學派的關懷重點及研究方法獲得交集與整合。藉此我們可以了解各種文化現象與社會關係，以及了解過去在文化及社會的形成過程中，一直扮演著重要角色的時尚。

本篇透過對當代設計師及手工服裝的分析，加上對設計歷史及民族風格的研究，提供了一個對業界及學界都相當有用的研究角度。除此之外，從文化研究的角度去解開「魅力」這個謎團，使我們對時尚的核心議題有更進一步的了解。

第 2 章

克里斯多福‧布里渥德

文化、認同、歷史：
服裝的文化研究潮流

Cultures, Identities, Histories:
Fashioning a Cultural
Approach to Dress

　　二次世界大戰後，英國學術界最早開始研究服裝歷史的研究領域，是藝術史。判定服裝的年代，並分析畫中人物服裝所代表的意義，是鑑定一件藝術品最常用到的方法。當時藝術史的關注焦點，主要放在服裝史的線性研究和服裝風格的演變，這對往後時尚史的研究，有相當深遠的影響。1970 年代末期，一股新興的藝術史學派興起，這股學派主張建立自我意識，並發展出許多新興的藝術史研究方法。這股新興學派的學者對藝術的社會及文化背景的關注，勝過對藝術原創者及藝術鑑賞價值的研究。這兩個不同學派的爭論，對早期時尚史的研究，無疑地造成了衝擊。這股新興的藝術史研究吸取了馬克思主義、女性主義、心理分析、結構主義及語意學的精神，因此特別關注自我認同、身體、性別、及表象等問題。而這些議題正是「時尚」這個概念的核心，雖然這些議題可能會使關注焦點從藝術品本身，轉而強調藝術品的社會意義。里茲（Lees）及波塞羅（Borzello）在一篇關於新興藝術史的文章中，提出許多研究方向改變的案例，這些案例對研究時尚史有莫大幫助。他們為充滿文化色彩的新藝術史下

The Fashion Business
時尚經濟

了定義：「如果一篇文章分析的是畫中女性的意象，而不是研究畫作本身的筆觸；或者美術館解說員不再強調聖母瑪利亞衣袍光澤的表現方法，是如何影響了反改革時代的教堂藝術，就是新藝術史興起的時候。」

　　新藝術史研究的重點在於，探討圖畫及其他文化產品描繪的主體背後所代表的文化意義，他們很關注代表性的問題，以及文化和意象之間的關係。與藝術史相較之下，設計史屬於比較近代的一門研究，透過隨性及自我意識的研究方式，將社會關注、經濟現象及文化問題融入研究課題中。生產、消費及設計成品之間的關係，一向是設計史研究的核心，而這樣的研究取向必須對文化背景深入了解，因此非常適合當代或歷代服裝的研究。一如設計史學家約瑟芬・米勒（Josephine Miller）所說：

　　這是一個多面向的研究主題，幾乎與設計及藝術的所有部分都有關係。它必須放在文化背景下討論，也必須同時觀察科技與工業的發展，並納入文學及美學的概念。在後工業時代，拜廣告及印刷技術的進步之賜，行銷及零售業為設計史研究帶來許多新的想法。此外，關於服裝及其製造過程的研究，則無法與女性史切割開來。

　　這十年來，後殖民時代蓬勃的研究風氣、加上對男性及性別議題的關注等因素，使得設計史的研究範圍更加寬廣。一向著重歷史與文化影響的設計史研究，也可從中窺知衣著的時尚方向。雖然服裝及時尚學與設計史的研究密不可分，但服裝及時尚的研究，在設計史的研究領域裡，卻一直是邊緣議題。這也許是因為設計學最初乃植基於工業及建築設計的領域，並著眼現代化的發展。設計史最早是藝術及設計學院的一門課，在理論及靈感的驅策下，工業設計及圖像設計學院的學生將生產及製造歸進「男性」的領域，相對的，也創造出「女性」的次領域，而時尚從此便被歸進了「女性」的領域。在 1960 年代，時尚設計學在英國藝術學院及工藝學院裡算是比較晚出現的課程，而在時尚設計學出現後，便接著發展出關於服裝及紡織品的社會及歷史研

究，間接造成了時尚學在設計史學上被半獨立出來的現象。

　　其他相關學門，包括文化研究及媒體研究，也開始研究社會認同及表象（也就是時尚）的問題，不過它們的研究重點都是放在當代議題上，著眼於當代時尚的代表性及普及性問題，並且利用社會人類學及語意學的理論基礎，來解釋時尚的意義，這和藝術史的研究方向不同。文化研究的理論基礎來自文學而不是視覺體系，研究方法則是解讀當代文章，而非研究過去發生的現象。文化研究很受時尚學院學生的歡迎，因為這些學生對研究當代的東西比較有興趣，浩瀚的歷史議題對他們來説，反而遙不可及。這讓我興起了研究時尚史的興趣，並出版了一本教科書，説明在當代史料編纂爭議中，時尚史所扮演的角色。我試圖整合藝術史、設計史及文化研究等不同研究方法，希望能勾勒出時尚服飾在過去的歷史與意義。

　　雖然這幾種研究方法可能有某種程度的混淆與矛盾，但只要小心運用，它們就可以為時尚學的研究提供一個非常有用的架構。還可以用來解釋關於文化史的各種爭議，對各種歷史現象提出各種面向的解釋，而不是單一狹隘的解讀。琳・杭特（Lynn Hunt）在她最新史學選集中，收錄了羅傑・查第爾（Roger Chartier）的文章，論及通俗文化與高級文化的問題（這是時尚服裝史及文化史最常討論的議題）。查第爾在文章中如此寫道：

　　文化與社會階級沒有絕對的對應關係，我們不應在某些特殊文化形式，與某些特定社會團體之間畫上等號。相反的，我們應該體認到不同社會階級之間的流通性與共通性。其次，我們也不應該根據某些特定的文字、信仰或服裝，去界定時尚文化的特質。大部分人的生活習慣與思想，都同時融合了各種不同的形式，有創新也有傳統價值，有學院文化也有民俗傳統。過度區隔通俗文化與高級文化已經沒有意義，相反的，以多面向的角度研究社會文化，才是比較實際的作法。

　　許多近代的研究將服裝視為文化的一環，認為可以藉由服裝來解釋不同文化之間的差異。這樣的作法頗具爭議，因為這樣的方法太主觀、太過依賴個人的解釋，也太過微觀。事實上，時尚需要的是，一種能夠包容不同意義與解讀的研究方法。正當時尚史的研究逐漸認為社會階級與時尚之間沒有絕對關連性時，卻沒注意到這樣的思考角度也可能遭遇某些困難與複雜性。不同於近代的一些文化研究，新興的文化史研究主張對時尚研究抱持開放的態度，容許多種不同面向的解釋也不設定特定的結論。歷史學家美琳（Melling）及貝利（Barry）提出了一種研究架構，他們清楚了解各種文化研究方法之間的差異與衝突，並主張積極融合這些研究取向之間的差異，他們說：

　　不同研究方法之間確實存在著歧異，例如文學批評學派主張從文章及文字中做主觀解讀，而其他學派卻主張重建歷史人物的原始動機。簡單來說，前者主張解構歷史人物的思想，而後者卻努力重建這些思想。在以文化做為歷史研究基礎的這部分，我們發現「結構」與「人物」的爭辯又再次出現。文化應被視為一個只是包含既定歷史人物的固定系統或結構嗎？或者文化應被視為決定人類命運與思想的因素。這是種錯誤的二分法，因為文化這個概念，時常是因為研究者不想在結構與人物之間做選擇時，才被拿出來討論的概念。不過這樣也有危險，持別是當研究者在利用文化解釋歷史現象時，不了解文化本身就具備一種無法避免的模糊特質。

　　美琳及貝利所提出的研究架構，對釐清時尚與文化之間的關係很有幫助。不過，這個架構也有一個潛在的問題，因為它將文化視為一個獨立解釋的領域。艾略特（T.S. Eliot）在他的《文化定義的說明》（*Notes towards the Definition of Culture*）一書中，有一段很著名的文字，他說：「文化……包含人類所有特殊的活動與興趣，包括英國達比郡的賽馬日、亨利國際賽船大會、十二日節、比賽決賽、彈珠遊戲、射飛鏢、文斯利戴爾乳酪、甘藍菜煮熟切片、醃漬田根菜、十九世紀的哥德式教堂、艾爾加的音樂等。」十年後，文化研究在英國正式成為一個專門的學門，雷蒙·威廉斯（Raymond

Williams）認為艾略特對文化的定義過於浪漫；相對的，他認為文化的定義應該更實際，而且包含的範圍應該更廣，包括「鍛造鋼鐵、開車去旅遊、農作物混植、股票交易、開採煤礦、倫敦的交通運輸」等等。經過四、五十年後，不論是艾略特，或雷蒙、威廉斯對文化的定義，都被認為太過主觀、地域性色彩太濃。不過，威廉斯也曾經和理查・霍加特（Richard Hoggart）共同提出另一個關於文化的定義，他們認為文化是一個衝突的社會領域，生產者和消費者在這個領域中很難有交集，勞動階級的活動、習慣和信仰，都與上流社會有所不同，甚至互相衝突。

在這兩種論點中間，英國形成了一個新的文化研究學派：現代學派。這個學派主要研究文化的結構，以及文化對社會的影響力。這個學派的源頭可以回溯到 1923 年在德國成立的法蘭克福學院。在尚未遷校到美國以前，法蘭克福學院對大眾文化一向抱持悲觀及批判的角度。由於篇幅有限，我不想在這裡細述文化研究的發展脈絡，而且我也不確定我能對文化研究做公正客觀的敘述。葛林姆・透納（Graeme Turner）在他最近的新書《英國文化研究概述》（*British Cultural Studies: An Introduction*）中，對文化研究的歷史與最新發展有完整的說明。我在本章要說的，是過去十年來，曾經針對「文化對時尚產生影響」這個議題加以探討的幾個領域，包括文本分析（語意學、電影、雜誌）、閱聽人及消費市場分析（人類學、歷史學、社會學）、意識形態分析（霸權、次文化、享樂），以及自我認同分析（種族、性別、性向）。這幾個領域並不衝突，而且都說明了服裝及時尚為何會在視覺及物質文化研究中，成為爭論的重點。

時尚與符號意義

解構形象及產品，是所有文化研究的主要方法。不同於藝術史、設計史及文學批評等歷史悠久的研究領域，文化研究將研究對象視為一個系統，而不只是研究報告中的一個角色。受到歐洲結構主義的影響，特別是語言學家索緒爾（Ferdinand de Saussure）的

影響，語言學理論「儼然成為文化研究的根本，不管是用來研究文化中的語言、還是用來研究其他文化體系」（Turner, 1996）。藉由口語或文章，我們可以從一個人的語言結構，去了解他對周遭的認知方式。文化決定一個人如何解讀他所處的環境，因此也決定了一個人如何建構、體驗及解釋社會真實（Turner, 1996）。由索緒爾及羅蘭·巴特（Roland Barthes）發起的語意學研究，提供了一個有用的方法，讓學者可運用語言學的結構分析法，去分析不同的文化系統。學者因此可以更清楚檢視不同文化之間，各種不同社會現象所代表的意義，包括：肢體語言、文學、戲劇、對話內容、

法國符號學大師羅蘭·巴特。

照片、電影、電視、以及服裝。這種研究方法的研究重點是「符號」，那是在一個語言體系中，人與人之間溝通的媒介，可能是文字、形象、聲音或服裝配件，這些元素組合在一起就會產生某種特殊的意義。而這種意義便進一步透過符號傳遞（signification）的過程傳遞給他人，它的構成要素包括：傳遞訊息的一方、以及被傳遞的內容（可能是一種意念或因意念所產生的聯想）。符號所產生的意義，主要來自於我們的潛意識或直覺聯想，這種聯想非常主觀而且深受文化影響。潛意識或聯想所產生的意義，會隨著時空而有所不同，這正是文化研究所要探討的重點。如同透納在 1996 年所說的：「透過這種途徑，我們才有可能了解文化的改變、文化價值以及文化效應。」巴特曾用「創造神話」的概念，來描述社會認知及社會意義如何透過符號而形成，而這種符號遊戲對文化及政治所造成的影響力，不容小覷。

　　歷史學家長期以來，一直利用符號解釋的方式做為研究工具。他們解讀畫中人物的服裝，包括服裝織法及配件所代表的意義，認為服裝材質及製造方法可能透露畫中人物的教育背景、社會地位、國籍、年齡、性向或年代。他們將圖畫視為文本，解讀

其代表的意義，藉此找出作品的弦外之音以及其所屬的文化體系。但這樣的解讀過程缺乏自省與批判，文化往往被視為既定事實，而非建構出來的系統。然而事實上，文化是被建構出來的，而圖畫或服裝都是建構文化的元素之一。

　　伊麗莎白‧威爾森（Elisabeth Wilson）曾發表過一篇關於「文化意義與時尚史」的研究，試圖將服裝的時尚現象視為大眾休閒娛樂的一種，並將服裝的圖像或文字製造過程，視為大眾傳播與消費系統的一部分。過去服裝史的研究總是以時尚雜誌、舊廣告以及其他過去時尚的資料作為佐證，來研究時尚的改變與過去的文化，威爾森在研究中暗指這樣的努力是白費力氣的。威爾森認為，利用服裝來界定歷史人物的社會地位與性別，這種作法太刻板，而且容易引起爭議，因此，在威爾森的研究中，她不再利用過去的報紙與雜誌、或過去的服裝史研究，做為研究的工具。她說：

　　十九世紀末期以來，文字與圖像有了許多不同的表現形式。慾望的意象不斷出現，漸漸地，人們購買的已不再只是商品本身，還包括商品背後所代表的意象。時尚本身就是一個神話體系，當我們快速翻閱著令人眼花撩亂的時尚雜誌時，我們看到的其實只是表象而已。如同廣告一樣，女性雜誌已經從過去的說教者，轉變成幻覺製造者。它們剛開始的目的是為了提供資訊，但在今日，不管是報紙、雜誌或廣告上的時尚資訊，表現出來的都是一種生活的幻覺，而我們浸淫其中，不再只是單純的模仿學習，也在不自覺中形成自我認定的角色。

The Fashion Business
時尚經濟

　　將時尚視為神話體系，是借用文本研究及語言學的研究概念。在電影學及電影史的研究領域中，時尚也是學者研究的重點之一。服裝史的研究可以從珍・該隱（Jane Gaines）、帕・庫克（Pam Cook）及克莉絲汀・葛雷希爾（Christine Gledhill）等人的研究中得到靈感，他們研究電影中的影像如何影響女性對時尚、性、工作的看法，以及如何影響她們對母親及妻子角色的認定。該隱將文化研究中的語言學研究及政治關懷，做了以下的連結：

　　女性的服裝與她們其他的代表物品之間，有明顯的關連性。當代的女性主義者很了解當代女性代表物品的意義，因為她們一向知道要如何打扮，才能表現某種意義。我們被訓練如何穿衣，從很小就開始練習利用身體姿勢表達不同意義，並且在這個機器大量複製的時代，學著在心裡放著一面鏡子，彷彿自己隨時會被照相起來一樣。這就是西方女性從文化中學到的東西，她們不只藉由不斷的自我檢視來學習，也從其他女性身上、從電影、電視及時尚雜誌中學到這些東西。

當代女性主義者很了解當代女性代表物品的意義，因他們一向知道如何打扮才能表現某種意義。圖為德爾沃 Pual Delvaux 於 1936 年所繪的《鏡中之女》。

　　受到文化研究及電影學的影響，近代的服裝史研究者開始著迷於時尚與代表物之間那種模糊的關係，而使得研究方向逐漸遠離早期服裝史研究所採取的簡化或道德觀察的角度。從索斯丹・韋伯林（Thorstein Veblen）、昆廷・貝爾（Quentin Bell）到詹姆斯・

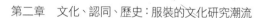

拉維（James Laver），史學家及評論家在解讀女性心理及奢華傾向上，似乎賦予自己過多的空間與權力。新一代女性主義將時尚與威權壓迫畫上等號，同樣的，早期的文化研究也對時尚與大眾文化採取嚴格與不信任的態度，他們譴責時尚及時尚史，也譴責那些追求時尚的男男女女，認為他們完全不知所追求的是，如同該隱所說的，「一種誘惑、充滿虛幻、而且沒有回報」的假象。

　　一味遵循近代文化研究理論，未意識到符號解釋的不穩定性，使得文化研究及時尚史研究的學者都面臨到一連串的問題。如同該隱在 1990 年所說的：「後現代理論（認為意象已經完全吞噬現實）縱有許多爭論，但這些爭論都忽略了一個問題：意象與社會現實之間的消長關係。也就是說，如果意象已經超越現實、吞沒現實、或打敗現實，那我們還需要研究意識形態的代表性嗎？」

　　某種時尚元素或許可以勉強扯出某種代表意義，但其他詮釋方式也可能同時存在，如此一來，研究者怎麼能夠武斷的討論所謂的不公、權力或操弄等問題，或去討論單純的消費行為？後結構主義學者該隱及其他所有關心文化研究的學者，認為時尚及女性概念，是一個社會依照當時的社會真實所建構出來的文本，這樣的研究取向讓過去所面臨到多重詮釋的混淆現象得以澄清，而其建構出來的意象也禁得起進一步檢視。此外，這種建構過程讓許多東西變得清楚，包括十七世紀的評論、十九世紀的時尚雜誌以及二十世紀的電影，都成為具有代表意義的系統。在這種研究架構下，時尚及社會大眾都是意識型態的產物，而過去被忽略的意象與社會現實之間的關係，又重新被拿出來討論。時尚學的研究與文本研究愈來愈像，使得文化研究在服裝史，更精確的說，應該是「服裝學」的研究領域中，一直占有重要地位。

　　我選擇使用「服裝學」而不是「服裝史」，因為服裝學比較接近二十世紀及當代研究所關心的議題。當學者在討論服裝的演進歷史時，文化研究一直被很小心地使用，而多年以來，服裝、歷史、以及著重理論與文本研究的文化研究，這三者間一直

The Fashion Business
時尚經濟

都有交集。文本的範疇是跨領域的,但主要落在社會、文學及藝術史的領域,而採取文本研究途徑的學者,通常都是為了強調他們與傳統研究方法以及與其他服裝史學家的不同。文化研究與歷史學之間的關係,不是那麼直接也不是那麼容易,但兩者擦出的火花,卻創造出服裝史學上一些有趣的研究。歷史學與文化研究之間最大的不同在於,後者必須在一個廣大的理論架構下進行。社會關係創造了大眾文化,因此是文化研究探討的目標,而當文化研究試圖將社會關係概念化時,卻必須對抗實證主義的反對浪潮,這樣的對立關係造成了結構主義者及文化主義者之間,在研究方法及理論上的分裂,而此時正是 1960 年文化研究逐漸在英國嶄露頭角的時候。

時尚及女性概念,是一個社會依照當時的社會真實所建構出來的文本,這樣的研究取向讓過去所面臨到多重詮釋的混淆現象得以澄清。

結構主義者將文化視為主要研究對象，他們研究文化的形式、結構以及其所創造的意義，研究的依據則是文化特性、量化的數據、以及歷史改變的過程。相對的，文化主義者（很多是英國左派的社會史學家）卻反對這樣的研究方式，他們認為這種方法過於決定論也太廣泛，簡單來說，就是「違反歷史性」。以湯普森（E.P. Thompson）為例，他認為人類的原始動力比抽象的意識型態更有力量，而英國文化主義者也認為，研究英國歷史比向歐洲理論取經重要許多。這兩種論點看似對立，其實只是解釋的方法不同而已。更新的研究採用比較廣泛的文化研究觀點，巧妙利用「論述主體」（discourse）的概念，將意識形態及人類經驗結合在一起。「論述主體」這個詞是由法國理論家米歇爾・傅科（Michel Foucault）所提出，意指「一群人在一起所形成的許多想法或思考方式，其來源可追溯回個體的單一文本或一群文本，而且必須被放在歷史及社會結構或社會關係下討論」。（Turner, 1996）

我們在這裡所討論的服裝史，其範圍很廣泛，因為它涉及了藝術史及文學批評的領域，而且在我看來，許多關於服裝文化史的有趣研究，都是從這個角度切入的。我在這裡要提出幾個關於逛街、百貨公司、社會階級與性別論述的研究，這幾個十九世紀的研究，都可看到文化研究的影子，作者包括羅薩琳・威廉斯（Rosalind Williams）、瑞秋・鮑比（Rachel Bowlby）、維萊莉・史蒂爾（Valirie Steele）、菲利浦・派洛特（Philippe Perrot）、美嘉・諾瓦（Mica Nova），以及艾蓮恩・亞柏森（Elaine Abelson）。雖然這幾個研究中，只有兩個研究將自己界定在服裝史的領域，但這幾個研究都對服裝史的發展有正面的影響。

生活樂趣與政治

結構主義與文化主義之間的爭論造成了另一個結果：將焦點重新轉移到文化研究及歷史學上，而這樣的轉變更進一步衍生出了時尚的研究。1970 年代末期，抽象的理

論與方法爭辯，已被另一種全新的觀點取代，這種觀點在過去的研究中並不被重視，那就是政治。在社會史的領域，採用文化研究觀點所做的研究，都被放在《歷史工作坊期刊》（*History Workshop Journal*）這本雜誌中。這本雜誌企圖將討論焦點，從學院內轉移到真實生活，例如勞動階級的生活，同時也強調女性主義及其他不同的聲音。

他們採用口語或其他非傳統、未列入正式紀錄的史料，認為理論應該要能為過去的社會及政治問題提供解答。在文化研究領域中，英國伯明罕當代文化研究中心（Biemingham Centre for Contemporary Cultural, 1964 年由理查‧賀加特創立，後來由史都華‧霍爾 Stuart Hall 帶領）借用社會學及人類學的研究方法，也朝著與《歷史工作坊期刊》類似的方向研究。當這些學者研究人類日常生活時，焦點特別放在次文化的部分，檢視次文化如何被建構出來、與主流霸權的關係、以及彼此間對抗與合併的歷史。

很多這方面的研究將重點放在城市裡年輕世代次文化的儀式與活動，因為這些儀式與活動會創造出屬於這個次文化的意義與樂趣。這是一個過去沒有被涉足的領域，因為從法蘭克福時代到霍加特時代，研究者一直沒有把年輕世代文化列入研究的範圍中。迪克‧海地（Dick Hebdige）在這方面的研究，為後續許多關於時尚及服裝史的研究奠定基礎，直到維多利亞與亞伯特博物館舉辦「街頭風格展」，及《時尚潮》出版後（收錄一系列關於年輕世代文化的相關文章），關於次文化的研究終於達到最高峰。

穿衣打扮是一種「享樂的消費行為」，這個概念最早由次文化研究者提出，現在則是時尚史研究最熟悉的中心概念。不過，這個概念也曾經是政治批判學者批判的重點，而進一步對文化研究造成影響。英國柴契爾主義（Thatcherism）與其財政大臣尼格爾‧羅森（Nigel Lawson）的知名度也在 1980 年代中期達到高峰，它所帶來的經濟效益著稱於後世。但後現代主義卻對它的價值、正當性以及它所帶來的經濟效益十分質疑。後現代主義者認為享樂及消費，是文化研究最具爭議性的議題。後現代主義的這種爭辯，通常被冠以「新時代」（New Times）一詞。在《今日的馬克斯主義》

（*Marxism Today*）一書中有這麼一段話：

在英國，社會及政治呈現多種風貌，包括柴契爾主義的成功、傳統勞動階級力量的衰退、強調自我認同及消費行為的政治力量出現、以及這些現象對左派的威脅等。

我們不能武斷地說，時尚史的出現是因為某種政治性共識的結果，只因為文化研究以及新時代爭辯都很關心社會地位、性別、性、以及國家認同等議題。雖然「新時代」的爭辯聽起來既複雜又抽象，但它卻提供了後來的研究者一個斬新的研究角度與思考方向，尤其是在服裝、時尚、逛街及性別等方面。而我們在最近的一些研究報告中，也都看得到「新時代」爭辯的影子，包括卡洛琳‧艾文斯（Caroline Evan）及

The Fashion Business
時尚經濟

米納‧桑頓（Minna Thornton）對二十世紀時尚與女性史的回顧、法蘭克‧莫特（Frank Mort）對 1950 年代波頓現象（Burton）的研究、以及西恩‧尼克森（Sean Nixon）對 1980 年代男裝及男性雜誌的研究等等。任何關於消費及消費內容的討論，都需要深入的政治分析，並運用實證的方法。政治分析正是文化研究的強項，而實證方法則可帶來令人振奮的結果。

雖然文化研究有這麼多優點，但它卻在服裝史及歷史學的研究領域造成許多爭辯。文化研究本身就充滿不同意見，但這些爭議最後都回歸到一個共識：文化研究需要不同意見的激盪。因此，試圖將文化研究獨立出來，以為它是一個大家都能接受的有效方法，這就是一個錯誤觀念。文化研究包含多種學派，而這些學派的關懷重點及研究方法，在這裡獲得交集與整合。這種整合的優點是，讓我們可以了解各種文化現象與社會關係（這是過去其他研究方法所無法得到的結果），並且有機會了解過去在文化及社會的形成過程中，一直扮演著重要角色的社會現象（例如時尚）。這不是一個專制的研究領域，它充滿爭論、不同學派、以及整合，也就是因為這樣，這個研究領域才充滿力量與未來。服裝史學家羅‧泰勒（Lou Taylor）最近研究約翰‧哈維（John Harvey）的書《黑衣人》（*Men in Black*）時（這書本身就是跨領域整合的最佳典範），對未來做了如下的樂觀描述：

在哈維的書中，我們看到了，過去不同學門間豎立起來的藩籬，如今已經被打破。沒有人可以成為所有領域的專家，因此我們應該用一顆開放的心，去了解其他領域的內涵，這樣就可以粉碎不同領域之間的保護牆。該如何界定這本書呢？服裝史？文學批評？文化史？性別研究？視覺文化？誰在乎！讀就是了！

第 3 章

瑞卡・巴克利、史蒂芬・甘朵

時尚與魅力
Fashion
and
Glamour

　　在當代的大眾媒體中，沒有一個詞像「魅力」這麼無所不在。《訪問》（*Interview*）1997 年 3 月的頭條標題是：「新魅力照亮一切。」而 *Elle* 雜誌也在 1996 年12 月以這樣的標題誘惑讀者：「魅力！人們讓它活起來、服裝突顯它的特色、彩妝將它修飾到盡善盡美。」雖然報章雜誌對魅力有這樣的註解，但魅力究竟是什麼？還是很令人困惑。時尚雜誌及女性雜誌時常針對魅力的定義做問卷調查，但它們調查的對象總是針對那些時尚界的專家與時尚名流，而這些人的意見卻常常互相矛盾。魅力是女性或男性的專屬特點、是與生俱來或後天創造出來的、是永久或短暫的？這些問題都沒有答案。除此之外，魅力與年齡、場所或情境有沒有絕對關係？也莫衷一是。就因為魅力的定義如此眾說紛紜，因此許多人傾向於採用艾瑞克・派翠奇（Eric Partridge）於 1947 年編纂詞典時，為「魅力」一詞所下的定義。派翠奇將魅力歸進「時尚詞彙」的類別中，這樣的歸類法為「魅力」這個字找到了最根本的解釋。對派翠奇來說，魅力一詞本身沒有特定的意義，它是社會高級階層以及報章雜誌作者，所創造出來的一種視覺聯想。

　　魅力與時尚有著不可分割的關係。克里夫‧史考特（Clive Scott）最近針對時尚報章雜誌中的時尚圖片做了一項分析，他將「魅力」與「世故」做比較，發現魅力的特質是：年輕的、有動感的、尋求壓力的、外向的、短暫的、合群的、不受文化束縛的、多變的、公開的，因此是屬於大眾市場的。相反的，「世故」的特質是：成熟的、穩重的、安於現狀的、內向的、沉默的、長期的、孤獨的、有文化的、受控制的，因此比較屬於高層社會。有些人把時尚與魅力看做同義字。珍妮‧貝森吉（Jeanine Basinger）就採用這樣的觀點研究好萊塢電影及其女性觀眾。不過她也說：「魅力遠遠勝過時尚的範疇，時尚元素只是魅力的一部分。魅力不只是女性穿了什麼在身上而已，還包括這個女性的所有部分。」貝森吉研究的電影明星，外在形象都還算中庸，並沒有出現像史考特所定義的「魅力」與「世故」這兩個極端的特質，因此史考特的定義在此並不適用。

　　由於魅力的定義太過紛沓，因此我們認為這時必須為魅力下個定義，包括它的來源，和它如何作用。本文將從三個時間點討論魅力，考慮到魅力的時效性及商業性，因此我們將從最近的時間點開始討論，看看魅力一詞在現代的報章雜誌及廣告中如何被使用。接下來，我們將檢視現代魅力的根源──二十世紀中期的好萊塢電影。最後，我們將討論十九世紀城市的轉變，因為十九世紀城市是魅力一詞最早出現的地方。

當代魅力

　　魅力一詞總與時尚界、娛樂界、演藝圈、及美容界脫不了關係。*Marie Claire*、*Vogue* 或 *Hello* 等女性雜誌總是不斷報導某某場所、某間別墅、某樣產品或某個人有多麼吸引人。而路上的大型廣告看板，也總是使用挑逗性文字來表現休閒、時尚及娛樂的感覺。在所有這些報導及廣告中，魅力幾乎就是時尚的代名詞。在倫敦、巴黎、米蘭及紐約的「時尚周」中，頂尖設計師精心策畫大型豪華的服裝秀，企圖攻占所有媒

體的版面；這些盛宴包括赫赫有名的設計師品牌、優雅高級的服裝、知名模特兒、以及政商名流等賓客，所有節目都高調進行，最後還會有一場奢華豐盛的晚宴款待，這些都是當代商業文化下一般人最渴求的場景。以凡賽斯為例，那些政商名流肯現身服裝發表會，等於證明了凡賽斯服裝在市場上的優越吸引力。

　　並非只有高級服裝雜誌才會使用魅力這個字，青少年雜誌及百貨公司宣傳期刊，也都會用到這個字。在這類期刊中，我們不太容易看見知名模特兒或設計師服裝，它們的重點在告訴收入中等的一般人及預算有限的青少年，如何為某一個特別場合或約會將自己打扮得更有魅力。例如，在丹本漢百貨（Debenhams）1997 年冬季號期刊中，封面就是模特兒凱普絲（Caprice）。凱普絲在雜誌中展示了三套服裝，每套服裝在百

貨公司中都買得到。凱普絲在這裡的角色很清楚，她不是伸展台上遙不可及的頂尖模特兒，也不是鄰家女孩，她就是一般人會想追求的加州型美女。雖然她很年輕、看起來幾乎毫無瑕疵，但她有自己的想法，也有足夠的歷練，讓大家願意採納她的美容建議。凱普絲在英國發跡，因為是名女人塔拉‧帕瑪–湯金森（Tara Palmer-Tomkinson）的密友，而引起媒體注意，英國獨立電視台（ITV）在 1996 曾報導過凱普絲，標題為：「不當的財富：拜金女孩」。凱普絲給人的感覺是一個重視自我形象、會打扮的女性，懂得用適當的服裝、彩妝及裝飾品包裝自己。

凱普絲是美國人，因此不會被放進英國的社會階級接受檢視。她出生於加州，這讓她有一種如傑森‧考利（Jason Cowle）所說的「異國吸引力，一種與眾不同的魅力」。但除了她的美貌外，凱普絲的魅力也來自於媒體對她的不斷報導。由於有很好的經紀人紀斯蘭‧帕斯科（Ghislain Pascal），凱普絲從 1996 年被媒體披露以來，一直是媒體關注的焦點。她於 1997 年出席國家電視獎頒獎典禮時，穿著一件凡賽斯的黑色透明蕾絲晚禮服，讓她登上頭版頭條；她為披薩、加州李、隱形內衣、護髮用品，甚至世界盃板球賽代言；她也為男性雜誌《GQ》及《花花公子》拍攝性感照片。除此之外，她與政商名流的曖昧關係，包括 2000 年與安德魯王子傳出緋聞，都讓她享有高知名度。

凱普絲會這麼受歡迎，是因為她是一個被創造出來的人物。事實上她不算是社會名流，而是一個被高度包裝的人物，是一般社會大眾夢想的投射對象。由於本身就是一項商品，因此凱普絲只能活在媒體的世界裡，在這個世界中，她所鼓吹的價值，都會獲得廣大的回響與接納。她亮麗的外表讓人們願意認同她，而她也將自己定位為女性的朋友，透過廣告與專欄，提供女性各種讓自己看起來會更好的方法。

從凱普絲的例子，我們可以了解一般人所謂的「魅力」是什麼：時尚吸引力、光鮮亮麗卻又不太真實的外表、性感、神祕的身世、異國、高知名度。簡單來說，魅力源自現實生活，但它大部分是被製造出來的，而且存在於媒體所創造的媒體現實中。為了要

吸引讀者及觀眾目光，魅力的表現不能太含蓄，而且有時甚至接近低等品味。最好的例子是《休憩》（*Take a Break*）雜誌在 1995 年 6 月報導的一則故事：兩個女人在畫了「好萊塢式」的彩妝後，花錢去相館照相，竟發現自己看起來像特種行業女郎，完全不是原來想像的模樣。她們原本希望自己看起來光鮮亮麗、充滿自信，就像女性雜誌上看到的模特兒一樣充滿魅力，但她們沒想到，原來魅力還包括性感與炫耀的特質。

為了更精確地說明「魅力」這個字，讓我們看看字典對這個字的定義。雖然魅力這個字的用法很多，但它的字源卻很明確。根據 1996 年出版的《新福勒現代英語用法》（*The New Fowler's Modern English Usage*），「魅力」（glamour）這個字源自於蘇格蘭語，是「文法」（grammar）這個字的變形字，意指艱澀的學問、魔法、巫術。1989 年出版的《牛津英文字典》（*Oxford English Dictionary*）對魅力的字源，也是一樣的解釋，不一樣的是，牛津字典將魅力的定義，解釋為魔法、魔力，而不是巫術及艱澀的學問。根據福勒這本書的說法，魅力這個字在 1830 年正式成為標準英文用語，當時的定義是「一種使人迷惑的、具誘惑力的氣質」。在 1961 年出版的《韋伯字典》（*Websters Third New International Dictionary*）中，魅力被解釋為「一種難以理解的、神祕的、令人興奮的、而且時常是幻覺的吸引力，可以激發想像力，讓人對非傳統的、預期之外的、顏色鮮豔的、異國的品味深深著迷。」韋伯字典對魅力的第二個解釋是，「一種浪漫誘惑的奇怪誘人氛圍；一種令人陶醉、摸不到、卻又難以抗拒的吸引力；一個人的氣質及姿態，融合了不尋常的性感與肢體吸引力。」

今天，那種夢幻、神祕、誘惑、及充滿魅力的世界，只有在媒體中才可能看見。但事實上，在許多方面，那個世界與我們的日常生活卻又息息相關。透過各種商品，女性相信她們可以獲得改造，達到自己渴望的形象。尤其在每年十二月，女性雜誌裡全都是穿著紅色洋裝、黑色晚禮服、畫著撩人彩妝的模特兒圖片，要教導讀者如何為耶誕晚會打扮。不過，在某些特別時刻，女性雜誌傳遞的訊息又會特別簡單，例如

1994 年 9 月 19 日，魅力的表現就變成只有亮紅色口紅、一件晚宴裝、加上高跟鞋。

這些訊息從何而來？魅力何時、又如何變成當代文化的一種普遍現象與必備特質？為何魅力幾乎只與女性有關？昆廷‧貝爾（Quentin Bell）及丹尼爾‧羅契（Daniel Roche）都認為，魅力的起源來自於歐洲的封建王朝時代。當時的節約法令禁止人民使用某些貴族及王室專屬的顏色與服裝材質。因此，高貴、華麗、及魅力的打扮，只有在社會高層階級才看得到。其他學者，包括約翰‧哈維（John Harvey）的研究則顯示，中產階級革命後，所有男性，不管是什麼社會階級，都屏棄顏色鮮豔的服裝，及太過華麗的打扮。到了十九世紀，黑色成為男性服裝的基本色系，而華麗、別緻及性感的服裝則成為女性的專利。也有其他學者認為，我們今日所認定的魅力，是文化產業下的魔幻結構，而它的最初起源就是好萊塢。在 1930 年代，好萊塢這個重要的電影工廠，憑藉其在文化產業的主導優勢，創造出一個明星世界，在這個世界中，許多年輕的男男女女被塑造成閃閃發光的完美形象，她們的際遇、美貌、消費能力以及多采多姿的生活，都讓所有電影觀眾目眩神迷。瑪格麗特‧索普（Margaret Thorp）在 1939 年發表一篇關於美國電影明星的研究，她在研究中將魅力

定義為：「性感，加上奢侈，加上高貴，加上浪漫。」她認為：「在今天，明星雜誌是研究魅力的最佳管道。明星雜誌是娛樂產業中最讓人興奮的東西，在雜誌中，每件事都是美好的、令人意想不到的、叫人興奮的。雜誌中沒有一件東西是永恆的、沒有一件東西是不變的，華麗的服裝旁一定有大理石噴泉、私人游泳池、或豪華轎車作陪襯；明星生活的大小瑣事，全都是眾人關注的焦點。」

在我們看來，上述特質並不足以拿來研究魅力，但都是我們未來在研究魅力時的重要佐證。身為二十世紀魅力製造機的好萊塢，是我們在研究當代商業文化下的魅力現象時，絕對不可錯過的研究對象。在開始研究好萊塢之前，我們首先要為魅力下個定義，雖然這個定義可能會引發不同意見。魅力是一種誘人的形象，是一種被包裝出來、創造出來、可以誘發消費行為的形象。換句話說，基本上，魅力是一種視覺的形象，它是一個真實的人或真實情境重新被包裝後的完美形象，並且受到一群懷抱慾望的觀眾所注目。魅力的表達管道可能是被包裝過的事或人，而且都具備以下一種或數種特質（具備愈多特質就愈有魅力）：美貌、性感、戲劇性、富有、動感、壞壞的、悠閒。「女性」也算是特質之一，因為從十九世紀以來，表演與消費就一直與女性脫不了關係。此外，女性也通常被認為是包裝過的，這與文化對女性形象的期望不謀而合。如同珍妮‧貝森吉所觀察到的：「女性通常只被注意到她的時尚感與魅力，而不是工作表現。」

好萊塢的黃金年代

1930 及 1940 年代，電影明星的魅力光環讓好萊塢褶褶發光，彷彿好萊塢就是魅力的代名詞，這種現象一直持續到二十世紀的最後二十年，稱為「好萊塢的黃金年代」。反觀現在，只有在某些特別的電影盛會，例如奧斯卡頒獎典禮上，才會看見打扮高雅的明星們齊聚一堂公開亮相的景象。如果說莎朗‧史東是好萊塢目前僅存的老牌演員，那可能是

因為她從 1990 年代就進入演藝圈，而且一直保持高貴、完美、性感的形象。過去幾位老牌明星的形象與生活，至今仍然是我們在研究當代商業文化時的重要指標。也許好萊塢的最大貢獻在於，它在黃金年代建構出一種我們當今所認為的魅力與吸引力。很多時候，時尚雜誌會以黑白照片為模特兒拍攝特寫，例如洛琳‧白考兒（Lauren Bacall）、瑪琳‧黛德瑞希（Marlene Dietrich）或艾娃‧嘉德納（Ava Gardner）等人的特寫照片。而在近代，漂亮波麗（Pretty Polly）緊身衣請麗塔‧海華斯（Rita Hayworth）代言；賓士則找瑪麗蓮‧夢露（Marilyn Monroe）代言；盧希安諾‧索佩尼（Luciano Soprani）的香水則找海蒂‧拉瑪（Hedy Lamarr）代言；而 GAP 找史帝夫‧麥克昆（Steve Mcqueen）代言。這些人都是 1930 年代到 1950 年代的明星。好萊塢的電影在那個年代橫掃全球，它的電影情節、風格及明星，為全球觀眾創造出一個共同的虛幻景象。

基本上，「好萊塢魅力」是一種由不同媒體建構出來的意象，這些媒體包括：電影、照片、海報、任何關於明星生活與羅曼史的報紙、廣播及出版品。在這個媒體建構出來的意象中，「性」與「奢華」是好萊塢電影最吸引人的兩個元素。

美國電影界 1932 年頒布海斯法典（Hays Code），嚴格禁止所有電影裡出現性交畫面。身為美國社會的主流媒體，美國電影界希望藉著這種自我約束的行

好萊塢的最大貢獻在於，它在黃金年代建構出一種我們當今所認為的魅力與吸引力。圖為《銀幕》雜誌封面女郎艾娃‧嘉德納。

艾娃·嘉德納代言的香皂廣告。　　　　　　　《好萊塢》雜誌封面女郎艾娃·嘉德納。

動，贏得觀眾的認同及尊重。然而，在好萊塢電影中，「性」卻一直是最重要的元素。
1950 年，人類學家霍坦斯·鮑德馬克（Hortense Powdermaker）針對美國「夢工廠」（意
指好萊塢）進行一項研究。她在研究中指出，演員的角色如何呈現，是電影吸不吸引觀
眾的主要原因。在好萊塢電影中，男主角通常充滿男子氣概，而女主角則總是散發著性
感氣質，電影情節總是描述男女主角很快就被對方吸引，陷入熱戀（有些電影即使男女
主角在一開始互相看不順眼，最後也都會發展成情侶），而電影最後則總是以男女主角
耳鬢廝磨的畫面結束。鮑德馬克認為，好萊塢電影裡不斷出現「注視我」、「注視我的
身體」的意念；男女主角的身體成為電影最吸引人的地方，包括嘶啞的聲音、美麗的胸
部、臉頰上的小酒窩等等。這種利用身體特徵吸引觀眾的現象，在女星身上比在男星身
上更常見。好萊塢的新人必須在演藝圈中磨練一段很長時間才能出頭，大部分時候都飾
演一些養眼的花瓶角色。如同艾得加·莫林（Edgar Morin）所說的：「真正的大明星在表
達靈魂，而那些剛入行的小明星卻只是在展露自己的身體。」

TWENTY COMPLETE STORIES FOR FIVE CENTS

Hollywood

(Reg. U. S. Pat. Off.)

MAY
NSC

A FAWCETT PUBLICATION

HOLLYWOOD
5¢

HEDY LAMARR
in a scene from
"ZIEGFELD GIRL"

「好萊塢魅力」是一種由不同媒
體共同建構出來的意象。圖為登
上《好萊塢》雜誌封面的海蒂·拉
瑪,這是她在電影《齊格菲女郎》
(Ziegfeld Girl)中的造型。

ARE SIN
AND SEX
HOLLYWOOD'S
REAL
TEMPTATIONS?
A Frank Answer
By Cecil B.
De Mille

BE AN AMERICAN

在海斯法典未實施前，許多電影的性愛畫面更明顯，而男女主角要面臨的壓力也更大。在 1920 年代到 1930 年代初期，像葛麗泰‧嘉寶（Greta Garbo）及瑪琳‧黛德瑞希兩位女星，飾演的是見過世面的女性，她們閱歷無數，天不怕地不怕。但不久後，嘉寶及黛德瑞希卻分別在《殘花覆豔》（*Susan Lenox*）及《上海特快車》（*Shanghai Express*）等電影中，飾演因失戀而墮入風塵的女人。如同李奧‧賈柯柏（Lea Jacob）所說的，在經濟蕭條的年代，「墮落的女人」這類電影特別受歡迎，因為這些電影可以光明正大讓「性」成為女性脫離貧窮與困境的工具。這種意象主要來自十九世紀作家（例如西奧菲爾‧高第耶 Theophile Gautier）筆下對絕色美女的描述（當時飾演美女的女演員是莎拉‧貝恩哈特 Sarah Bernhardt）。嘉寶及黛德瑞希都是謎樣的人物，她們都是帶點異國情調的歐洲美女，這些特質加上電影公司服裝師，像米高梅電影

嘉寶主演的《殘花覆豔》海報。

公司（MGM）的亞德里恩（Adrian）及派拉蒙公司（Paramont）的特拉維斯‧班頓（Travis Banton）等人的包裝，以及好萊塢絕佳的攝影技術，讓嘉寶及黛德瑞希這兩位女星呈現無限性感魅力。

　　電影公司老闆希望營造一種印象：電影明星的魅力與美貌都是天生的。電影公司的工作就是去發掘明星的特質，然後把這種特質呈現在螢幕前。電影《赤足天使》（*The Barefoot Contessa*）就是一例。電影中有一個場景，黑夜中，男主角漢姆弗雷‧柏加特（Humphrey

The Fashion Business
時尚經濟

好萊塢的電影在那個年代橫掃
全球，她創造出來的電影情節、
風格及明星，為全球觀眾塑造
一個共同的虛幻景象。圖為好萊
塢性感女星麗塔·海華斯。

明星的性感魅力根本不是天生的,而是電影公司製造出來的人造假象。圖為好萊塢女星麗塔・海華斯。

Bogart）對女主角艾娃・嘉德納説（嘉德納飾演單純的西班牙歌手瑪麗亞），月光照在她臉上，就像舞台燈光打在她臉上一樣（意指她有潛力可以成為明星）。事實上，嘉德納當然已經是個明星，而電影裡的月光則是攝影棚裡的燈光效果。明星們的美貌及光影美感，其實都是營造出來的，但電影卻極力掩飾這個事實，讓觀眾以為明星是麗質天生。看看原名瑪格麗塔・坎西諾（Margherita Cansino）的麗塔・海華斯，能從一個單純的墨西哥裔女孩，變成十足美式魅力的女人，背後其實是許多藝術與專業團隊努力的結果；而諾瑪・珍・貝克（Norma Jean Baker）變成瑪麗蓮・夢露也是一樣的情況。嘉寶和黛德瑞希本來也很平凡，在被電影改造以前，她們只是兩個不善交際的女人。雖然電影公司認為「個性」是成為電影明星的要件，但明星的性感魅力根本不是天生的，而是電影公司製造出來的人造假象。

美國電影裡的性感魅力，來自英國小説家艾琳諾・葛林（Elinor Glyn）。她於 1920 年應潔西・藍斯奇（Jesse Lansky）之邀來到好萊塢，之後進入米高梅電影公司工作。艾琳諾曾寫過情色小説《三周》（*Three Weeks*）及短篇小説《它》（*It*）。她認為「性」應該被包裝成羅曼史的形式，而她也相信神祕氣氛可以引起大眾的興趣。艾琳諾與葛羅莉亞・史旺森（Gloria Swanson）和盧道夫・范倫鐵諾（Rudolph Valentino）共事時，她教他們各種優雅、誘人的方法與姿勢（例如讓范倫鐵諾親吻史文森的掌心，而不是手背），讓整部電影充滿性感色彩。在 1920 年代及 1930 年代，性感表現已是好萊塢電影不可或缺的元素，電影公司在道具及服裝設計中，加進異國情調及感官效果（閃閃發光的服裝材質、光亮的表面），演員也透過整形手術、化妝技巧及燈光效果而被重新改造。

好萊塢式魅力最特別、也最經典的代表，就是由像喬治・赫瑞爾（George Hurrell）及克雷倫斯・辛克萊・布爾（Clarence Sinclair Bull）等攝影大師所拍攝的電影劇照。這些照片通常是明星在下戲後心不甘情不願拍攝的宣傳照，今天卻被收集成冊。到了

1940 年代，電影明星就非常願意配合拍攝劇照，因為他們知道這些照片創造的魅力有多大。過去那些性感撩人的黑白劇照，演員們看起來彷彿希臘神話的雕像，他們的真正的個性已被魅力的刻版形象所取代。這些完美形象不是來自演員的美貌，而是攝影師所創造出來的。

赫瑞爾在 1980 年代時曾說，他認為魅力就等於「擺出性感姿態」，或創造一種「在臥房裡的感覺」。他說：「對我而言，魅力只不過是性感照片的代名詞而已。換句話說，幫明星拍照對我來說，就等於是說『來吧，我們來拍些性感照片吧』！」為了達到這種效果，他運用燈光、道具、讓主角躺下或把主角弄濕、讓她們在光影下沐浴等等。這些照片事後會經過大規模的修片與加工，好讓所有瑕疵都看不見。雖然這些照片的主角大部分是女明星，但男明星的劇照也會受到相同待遇。赫瑞爾說，如果拍攝的演員本身就有性感的特質或氣質，他的工作就會變得比較輕鬆，但這是不可能的，因為性感魅力本身就是一種被創造出來的東西。

好萊塢的奢華風氣是從西席爾・迪・米雷（Cecil B. De Mille）開始的。米雷相信華麗的景致及頂級的服裝，會讓人駐足讚歎不已。很多像米雷這樣的電影大亨都是從服裝產業起家，之後因為意識到頂級服裝可以在觀眾心目中創造一種魅力形象，因而轉戰電影產業。在艾琳諾及其他造型設計師的幫助下，好萊塢逐漸變成坐擁財富及高貴的上流社會。好萊塢明星穿著引人注目的服裝，例如皮草、羽毛及珠寶等，在當時引發一些批評與憤怒。許多電影情節都是有關「墮落女性」的故事，描述女性在變動的社會下，為追求奢華生活而墮入風塵，這類故事似乎在暗示「性」可以用來交換金錢。海斯法典的由來，就是因為好萊塢電影對色情的過度寬容，違反了社會道德標準。雖然如此，一些大規模的電影製片廠，例如米高梅及派拉蒙，仍然在電影中大量鋪陳奢華情節，沒有因此銷聲匿跡。用今天的標準來看，當時電影對上流社會奢華生活的描述，在現在仍然令人讚嘆不已。

到了 1940 年代，電影明星就非常
願意配合拍攝劇照，因為他們知
道這些照片創造的魅力有多大。
圖為好萊塢女星拉娜‧透娜。

　　為何好萊塢會這麼重視奢華？首先，大家應該還記得，好萊塢在二次大戰前並不受重視。那些創設片廠的電影大亨大多是猶太人，而他們通常都是社會的邊緣人，無法進入社會核心階層，例如米高梅的路易斯‧梅耶（Louis B. Mayer）當年就因為他的猶太身分，而無法加入洛杉磯鄉村俱樂部。也因為這個因素，好萊塢電影中總會出現二十世紀初期的移民社會。史都華（Stuart）及伊麗莎白‧艾文（Elizabeth Ewen）曾經分析移民者為何喜歡穿著華麗，因為這些社會的邊緣人想藉此融入美國社會。就算是窮人，從衣著外型下手，就可以讓自己看起來比較不像外來客。在美國這個成功至上及高度變動的社會環境中，讓自己看起來像上流社會就可以得到他人的尊重。

　　好萊塢奢華風的第二個原因是，1920 年代在美國快速發展的消費主義。艾文認為，當時美國文化的中心思想就是消費。這個訊息對那些移民者來說特別強烈，因為他們可以藉消費讓自己獲得改造，變成真正的美國公民。好萊塢那時正逐漸發展成全國性、甚至全球性的電影產業，與消費社會幾乎是同步發展。事實上，好萊塢電影傳遞一種強烈的、誘人的資本主義形象，比起產品廣告有過之而無不及。好萊塢與消費市場的關係很密切，其中最直接的就屬電影明星了。電影明星一向是影片的最佳廣告，除了電影外，他們還可以推銷其他各式各樣的商品，而這種間接行銷的手法，也確實為電影公司帶來不小利益。查爾斯‧艾克特（Charles Eckert）在他的一篇重要論文中，研究置入性行銷如何成為電影明星的重要工作。而電影公司也發現，用性訴求來行銷商品，對銷售成績有極大幫助，就算行銷的是嚴肅商品也能奏效。

　　電影明星是最好的消費者，他們都是財富快速累積、社會階級不斷提升的上流社會新鮮人，他們比任何人都更有本錢消費，來展示自己的財富與社會地位；而他們的生活也成為社會大眾的關注焦點。不過也有些人認為，電影明星與消費文化的關係太直接並不妥當，例如製作人大衛‧西辛尼克（David O. Selzenick）就認為，置入性行銷會破壞影片營造出來的神祕感，而他也禁止片中女演員為蜜斯佛陀與麗仕香皂免費代

言；相反的，艾得加‧莫林則認為明星與商品之間並沒有衝突。也許我們可以說，電影產業與消費文化之間關係愈趨緊密，逐漸改變了明星的本質。就像莫林所說的，在廣播的年代，明星的個別性比較沒有那麼高，通常是某種典型人物的投射。但在消費主義盛行的年代，電影明星本身就是一項商品，像汽車一樣一步步被製造出來。有時候，電影明星的商品化會使明星的主體性消失，而造成商品取代明星的錯覺，尤其是對那些本身個性比較不明顯而刻板印象比較強烈的明星來說，更是如此。例如，拉娜‧透納（Lana Turner）在 1940 年代拍攝的照片，她一貫的打扮就是：造型過的髮型、化妝、用任何可以想像出來的時尚飾品來裝飾，包括帽子、皮草披肩、胸針、耳環等。透納的人類特質在這樣的打扮中，幾乎完全消失。

電影明星的商品化會使明星的主體性消失，而造成商品取代明星的錯覺。圖為好萊塢女星拉娜‧透納，她一貫的打扮及身上的時尚飾品掩蓋了她的個人特質。

在好萊塢的黃金年代中，魅力其實是有固定標準的，就像我們最近常看到的櫥窗模特兒或伸展台上的模特兒一樣，當時的明星總是面無表情，還透著神聖感，因為這樣才可以讓觀眾將自己的欲望及期望投射到他們身上。雖然社會上層階級及條件不錯的中產階級認為好萊塢電影低俗、草率、沒有品味，但社會中下階層卻將好萊塢電影看作高雅品味的代名詞。當然，好萊塢電影也算是不錯的教育者，因為它的電影情節反映出社會的變動性、它讓觀眾開始自我改造、而且它的郵購目錄也頗有美感。不過，伊莉莎白‧威爾森也指出，電影明星的形象通常是一種不切實際的假象，電影劇照及一些無關生命的特質，是這種形象的主要來源，也只有這樣，明星的形象才能如此歷久不衰。

1923 年，紀吉‧盧卡斯（Gyorgy Lukacs）首先提出資本主義具有物化的本質，也就是將所有東西，包括人類，轉變成物體。明星總是以面無表情來表現所謂的魅力，

個人或家庭無不努力藉光鮮的外表贏得他人認同，這些光鮮亮麗的身影，就穿梭在許多表演場地、林蔭大道及娛樂場所，具吸引力的外表成為現代社會的一部分。圖為土魯茲‧羅特列克的《紅磨坊的舞蹈》。

這種現象可以追溯到當時工業化、都市化的社會環境。工業化社會與自然脫節，認為超越自然才是他們的目標，他們從工業發展的成果中嘗到生活富足的幸福感。艾文斯曾寫道：「消費主義認為自然是無用的，是落伍的東西，不會帶給人類任何希望。而工業化及企業發展才能帶給人類光明的未來。」由於這種思潮是從美國發展出來，因此要研究魅力現象也必須從美國文化著手才能奏效。這種物化的想法最容易在一個自創、且沒有歷史包袱的地方中產生，在美國這樣的環境下，好萊塢就是展現人工成果的最佳示範，因為好萊塢本身就是無中生有並且不斷創造虛構故事的地方。明星的生命是舞台建構出來的，目的是要吸引觀眾的興趣；舞台不斷創造超強、最具誘惑力的魅力，而好萊塢明星則變成最有魅力的人物。

十九世紀的城市

魅力最初的起源,是十九世紀末期所發生的一連串社會及文化變遷,特別是在那些現代化的城市。廣義來說,在這個時期,嚴格的社會階級開始瓦解,貴族統治文化、政治及社會的現象也逐漸消失。一種以金錢為基礎的市民文化開始成形,在那種文化中,奢侈、顯目及高貴不再是貴族的專利,任何人只要付得起或賺得到錢,就可以辦得到。世界各地漸漸出現愈來愈多的暴發戶,他們開始涉足過去專屬貴族的高級社會,仿效貴族的生活風格及習慣。那些工業鉅子及銀行家以大手筆的消費來建立他們的社會地位,金錢讓他們享有極高的社會聲望。同時,過去遙不可及的貴族階級生活也變得唾手可得。例如,劇院在過去是高層階級專屬的娛樂,如今變得平民化,成為市民逛街及表演的地方。華爾特‧班傑明(Walter Benjamin)在他的〈十九世紀的都市〉(capital of the nineteenth century)文中提到,在巴黎,「蒙馬特劇院的林蔭大道及拱門,不再是貴族階級關起門來享受的地方,而是市民尋求歡樂及享受生活的地方」。

在這種情況下,個人或家庭無不努力藉光鮮的外表贏得他人認同,這些光鮮亮麗的身影,就穿梭在許多表演場地、林蔭大道及娛樂場所,具吸引力的外表成為現代社會的一部分。這種打扮的風氣從何而來?它有一部分來自傳統。在過去,例如法國第二帝國時代,宮廷裡的人物打扮華麗,總是引人注目。而當貴族社會不再享有奢華的特權時,打扮的風氣逐漸擴及到半上流社會及社交圈(café society)。中下階層的人尋求娛樂的方式是公眾劇院、街頭藝人、百貨公司櫥窗、以及性。而所謂具吸引力的魅力,就是由社會高層文化及社會低層文化的混合體(這種論點也許有爭議性),社會高層文化

土魯茲‧羅特列克為在英國巡迴演出而做的彩色廣告畫《埃格朗蒂納小姐的舞隊》。

注入的元素是精緻品味的奢華風氣，而來自社會低層的元素則是俗豔的顏色（最常用的是紅色）以及庸俗低級的品味。就像土魯茲‧羅特列克（Toulouse Lautrec）的海報，幾乎整張都是鮮豔的紅色，而且用性的方式表現戲劇內容。

　　當時魅力的代表人物是交際花，就像後來的電影明星一樣。交際花也曾是小說中的代表人物，在小說、報紙、及回憶錄中被詳細的描述與分析，就像左拉（Zola）筆下的娜娜（Nana）一樣。交際花是製造幻覺及假象的高手，在那個重視外表的文化下，這些人是中心人物。她們不單是風塵女，也是演員、時尚指標、社會名人、以及專業的美女。有錢人供養她們，以換得性服務。她們生活在上流社會的邊緣，透過人

來自社會低層的元素是：俗豔的顏色以及庸俗低級的品味。圖為土魯茲‧羅特列克的《在紅磨坊的沙龍裡》。

脈發揮可觀的影響力。這些交際花既低俗、膚淺，
卻又高貴、有時尚感，她們得到許多人的注目，在
社會中占有一席之地。根據藝術史學家克拉克（T.J.
Clark）的研究，交際花具有社會聲望，她們過著富裕
的生活，並且擁有稱頭的外表，這足以掩蓋她們的
金錢來自性交易的事實（這種現象在當時的巴黎是
很普遍的現象）。

十九世紀末的時裝設計師渥斯。

　　如果說交際花是魅力的代表人物，那麼藝術家
就是將這種魅力轉化成具體、可複製的圖像的人，也因此讓後人得以窺知當時社會名
流的風貌。其中最有名的藝術家是義大利畫家喬凡尼·博爾第尼（Giovanni Boldini），
他幾乎畫過十九世紀末期到第一次世界大戰期間，所有旅居巴黎的知名人物。博爾
第尼被後世視為重要畫家，因為他首先嘗試畫時尚感十足的肖像畫，生動表現出當時
巴黎紙醉金迷的社會風氣。他開創一種新的畫風，將社交圈那種肉慾狂歡的感覺及俗
豔的色彩，和傳統的社會畫結合在一起。博爾第尼畫過許多社交圈的名人，也畫過
許多有名的藝術家及貴族。不過，他最感興趣的主題，還是那些沉醉在性愛狂歡中
的富有女人，這些人被認為是典型的巴黎人。他在畫中將這些人的身體拉長、扭曲，
彷彿她們在一條垂直的軸線上扭轉一樣。他畫中大部分主角都在對著名聲不佳的人
獻殷勤，像是路易士·卡薩提伯爵（Sir Luisa Casati）及寇琳·坎貝爾夫人（Lady Colin
Campbell），其中坎貝爾更是一場引人非議的離婚官司的女主角。這些人在博爾第尼的
畫中，展現一種戲劇性的風采，也讓他們成為那個時代的典型代表人物。

　　博爾第尼的作品內容不但時尚感十足，且他本身就是時尚界的一份子。他擅長
在畫中用不同的素材及飾品來表現不同的效果，而且畫中主角一定穿得非常華麗浮
誇。他作畫速度很快，時常是神來一筆或誇張的對角線，這讓他的畫具有動態感，看

起來非常奔放、戲劇性十足。像渥斯（Worth）、道西（Doucet）及其他服裝設計師，都樂於和他合作，因為他們知道博爾第尼的畫極有說服力，充滿美感，並且擁有廣大畫迷；服裝一旦被畫進博爾第尼的畫中，就等於得到絕佳的曝光機會。博爾第尼的作品如此華麗，有一部分要感謝當時的時尚風潮，以及與他合作的服裝設計師，這些設計師設計了許多華麗的晚禮服，讓女人們穿去參加各種社交場合。博爾第尼對主角的心理及性格沒興趣，他只在乎畫中人物帶給人什麼意象，以及作品整體的效果。博爾第尼的畫只重視主角的外表裝扮，而不在乎其內在特質，因而被某些人認為是庸俗作品。沒錯，博爾第尼的畫取材自大眾品味，多過精緻文化。

博爾第尼的許多作品都被展示在沙龍裡，也受到報章媒體的解析及公開討論。就像幾年後的社會攝影師可以讓主角成為社會名人，博爾第尼具震撼力的畫作也能表達主角的魅力及社會地位。換句話說，畫家從某個角度來說，可以創造當代社會名流。在十九世紀末、二十世紀初期，高層社會、時尚、劇院、及交際花的組合，創造出某些引人非議卻又教人好奇的名人。這種現象在 1889 年的巴黎展覽會上得到

博爾第尼對主角的心理及性格沒興趣，他只在乎畫中人物帶給人什麼意象。圖為博爾第尼所繪的《寇琳‧坎貝爾夫人肖像》。

印證，展覽會在一棟圓形建築裡舉行，上面掛著一塊帆布，寫著：「時尚巴黎」，裡頭展示了近八百幅關於財富及時尚的畫作。根據查爾斯．里瑞克（Charles Rearick）的觀察，「這項展覽透露出一些訊息，表示一種利用幻覺刻意創造出來的現實主義正在興起，也表示遊客愈來愈渴望能用一種快速簡單的方式看盡最經典的巴黎風情。」

博爾第尼在畫中把女人的身體拉長、扭曲，彷彿在一條垂直的軸線上扭動。

博爾第尼的作品之所以引人注意，不只是因為他的畫作受媒體青睞，而是因為他在媒體時代開始之初，創造出一種表達視覺魅力的標準模式。雖然對他作品有興趣、或熟悉他作品的社會大眾並不多，但因為喜愛他作品的社會名流及大眾媒體都有不小的影響力，因此讓他的作品得以接觸到許多潛在的畫迷。隨著攝影技術的進步及插圖媒體的興起，更加擴大博爾第尼作品的影響範圍。美國 *Vogue* 雜誌於 1890 年創刊（歐洲 *Vogue* 雜誌在隔年創刊），自此社交圈成為媒體及商業文化匯集的地方。不同於過去貴族階級的遙不可及與封閉，如今不管演員、花花公子、交際女郎、銀行家或年輕一代的貴族，都樂於在大眾面前公開展露自己，他們的生活對一般大眾來說不再遙不可及，因為他們並不是社會階級或家族血統篩選出來的高層精英。

這樣的發展正好與消費文化的成長同步，百貨業、化妝品產業及廣告業都從藝術產業吸取大量養分，不過這些產業也都為魅力的內涵注入新的元素。為了銷售商品，他們營造出一種貴族氣息，同時利用各種令人眼花撩亂的方式吸引消費者的注意。鮮豔的色彩、誘人的氣氛、異國情調、以及各種戲劇性噱頭，都被大量使用以引導消費者進入虛幻的世界。在那個世界中，所有商品都充滿想像，彷彿都很實用似的。百貨公司對大眾

開放,不過仍然單獨交易。許多百貨公司看起來像宮殿,而裡面的員工則像僕人一樣,將顧客奉為上賓。1920 年代以後,電影院也蓋得像皇宮一樣,同時具備奢侈與民主兩個元素。這樣的設計主要是為了在此銷售奢侈品;更重要的是,讓普通商品與奢華及慾望等氣氛產生聯結。這樣一來,這些商品就可以高價出售。這種銷售技巧如今在時尚產業及化妝品產業仍然存在,而魅力就是達到這個目的的最主要元素。

將魅力用在商業化用途,最初是由歐洲的大都市開始,這種風氣後來直接影響到好萊塢的電影產業。在 1910 年代到 1930 年代之間,許多化妝師、行銷專家及櫥窗設計師,都離開當時政治動盪的歐洲來到美國。許多人最後都在好萊塢的藝術部門落腳,其中一位是恩斯特‧迪契特(Ernest Dichter),他曾在維也納從事櫥窗設計及廣告設計的工作,他後來成為派拉蒙電影公司知名的布景及道具設計師。在這些移民者中,最廣為人知的是蜜斯佛陀先生(Max Factor),他最初在聖彼得堡(St. Petersburg)的皇家歌劇院擔任彩妝師,之後進入沙皇家族工作,在俄羅斯大革命後,沙皇家族移居美國,蜜斯佛陀也

博爾第尼具震撼力的畫作也能表達主角的魅力及社會地位。圖為博爾第尼所繪的《迪西斯夫人肖像》。

跟著移民美國。蜜斯佛陀曾在紐約工作一段很短的時間,之後便搬到美國西岸工作,在這裡,他很快成為電影界最大的彩妝產品供應商,從此建立他的事業版圖。他成功的原因在於,他生產一系列彩妝產品,上面都打上他的名字,這些彩妝品透過百貨公司,行銷到一般大眾手上。女性購買蜜斯佛陀的彩妝品,彷彿就能擁有和電影明星或雜誌模特兒一樣的魅力。貴族式魅力從此完全商品化與平民化。

魅力與現代化

　　我們之前已說明,魅力是現代資本主義不可或缺的一環,它始於歷史上一個特別的時間點,這個時間點是:貴族階級統治的社會轉變成中產階級為主的社會;大量商品觸及到更多社會大眾、也進入更私人的領域;一種新興的城市生活開始形成,消費

博爾第尼《朱莉亞德夫人肖像》。　　博爾第尼《多娜·法倫卡夫人肖像》。　　博爾第尼《寇特絲·歷奇夫人肖像》。

精品櫥窗廣告必須呈現出一種高級質感以及多采多姿的生活感，誘使消費者渴望擁有。

至上、時尚萬歲逐漸成為都市人的主要信仰；劇院及高層社會不再遙不可及；所有社會階級可以共享的休閒活動開始興起。

　　現代社會愈進步、大眾媒體愈發達，魅力就變得愈加重要。雜誌、電影、廣播及電視讓一般大眾、事件、或商品，都能得到曝光、表現以及被創造的機會。

　　也因為這樣，這些媒體通常被行銷產業及文化產業所掌控。一種商業化的魅力逐漸形成，而且被有系統地行銷出去。不過最近有人認為，這種商業化的魅力過於懷舊，甚至是一種模仿。當 1994 年魅力重新流行時，我們在頂尖時尚雜誌中看到的時尚魅力，竟與過去有一種熟悉的感覺。凱普絲算是當代魅力人物的代表，她讓我們

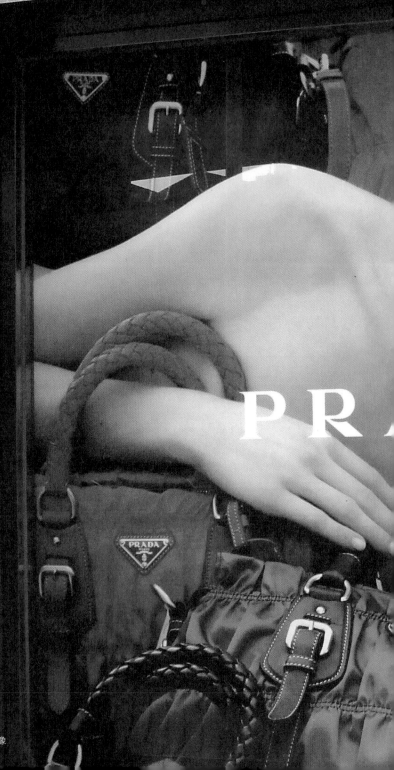

鮮豔的色彩、誘人的氣氛是精品形象
廣告不可或缺的要素。

蜜斯佛陀雜誌形象廣告。

想起像《朝代》（*Dynasty*）或《海灘遊俠》（*Baywatch*）等幾十年前的電視影集（那時的電視影集受到典型好萊塢電影的影響）。這有很多原因，其中一個原因是因為上個世紀所出現的魅力形象並不多。今天，我們生活在一個複雜且高度視覺化的文化中，經過媒體不斷的重複播放，過去的魅力形象在今天得到許多共鳴的機會，當代的魅力形象不再具有其他涵義，而與過去的魅力形象形成一個自我封閉的聯結系統，並透過大眾傳播被不斷強調。最後，這個形象的原始社會意涵也就消失了。

在本章開始，我們為魅力下了一個定義，現在，在文章最後，我們想問，是否可能為魅力建構一套理論？任何理論都應該考慮魅力在想像力、吸引力及人工化方面的特質。而且也應該提到社會階級的不斷分化、現代資本主義疏離的本質、以及消費文化的挫折感及誘惑力。雖然近年來有許多關於消費主義、時尚、攝影及媒體的相關研究，但是至今仍未出現任何關於魅力的理論。也許早期的社會學者，像渥納‧森巴特（Werner Sombart）、喬治‧西梅爾（George Simmel）、索斯坦‧費伯林（Thorstein Veblen）及西格弗雷德‧克雷考（Siegfried Kracauer）等人，可以提供我們更多線索。他們的貢獻很重要，因為他們都

蜜斯佛陀雜誌形象廣告。

The Fashion Business
時尚經濟

在研究奢華風氣、時尚、高調的消費行為，以及電影，這幾個面向到最後都被認為和魅力的產生有絕對關係。不過，最重要的引子，恐怕算是班傑明所提出的觀念，他認為在工業化、機器大量複製的時代中，真正的藝術已逐漸消失。透過大量複製，藝術或許可以得到一些商業化利益，但卻失去了珍貴的原創性。類似的情況也發生在高級社會或時尚產業中。麗塔·費斯基（Rita Felski）就曾說，在大量複製的年代中，連女人都失去真正的本質，因為女性天生的特質已經消失或變得模糊。這些論點都是來自馬克思關於資本社會勞工與價值的理論。這種趨勢最大的問題是，本質一旦消失，我們的想像力會變得貧乏，商業化潛力也會減弱。魅力是資本社會製造出來的東西，那是一種為了彌補原創性不足而被創造出來的炫麗假象，這種假象不斷傳遞一個訊息：消費就是人生。

第 4 章

艾美·蒂·拉·海伊

民族風極簡主義：
1990 年代的英國時尚潮
Ethnic
Minimalism

1997 年，一場名為「走在時尚尖端：英國時尚五十年」的服裝秀，在英國的維多利亞與亞伯特博物館舉行，展現了英國在二次戰後出現的四個主要時尚風潮：浪漫風、高級訂製服、鄉村風、以及波希米亞風。波希米亞風指的是那些帶有古典及中古世紀文藝復興與民族風格的服裝，這類充滿生命力的服裝包括了西亞·波特（Thea Porter）、Yuki、珊卓·羅迪斯（Zandra Rhodes）、費雪先生（Mr Fisher）、查爾斯與派翠西亞·雷斯特（Charles & Patricia Lester）、喬琪娜·凡·艾絲朵夫（Georgina von Etzdorf）等設計師的作品。其中最特別的，是雪琳·吉爾德（Shirin Guild）在1996年春裝系列所推出的一種多層次造型、中性色彩的亞麻女裝，整套服裝包括薄紗外套、夾克上衣與背心、搭配亞麻長褲、外頭並圍上一條圍裙；其中，薄紗外套源自愛爾蘭男性所穿的黑色薄紗聖袍，而在長褲外圍上圍裙則是英國鄉村婦女的習慣，用來保護長褲不受嚴酷氣候的摧殘。

本文將雪琳·吉爾德的作品視為一種服裝革命，定位為二十世紀的前衛服裝、英國風格的服裝，以及極簡設計的代表。本文也分析設計師個人的服裝風格：流行於

1990 年代、融合多國風格的跨文化服裝潮流，而這也是設計師靈感的源頭。

理性服裝學會（Rathional Dress Society）成立於 1881 年，它的創立宗旨是：「鼓勵穿著符合個人品味與便利性的服裝，認為服裝應該兼具健康、舒適與美觀的功能，反對盲目追隨時尚，因為時尚不能達到上述的服裝功能。」

從許多方面來說，雪琳‧吉爾德的服裝很能印證這樣的標準。她設計的服裝典型是：寬大、方型輪廓，以及單調剪裁，具有民族服裝味道，尤其偏向愛爾蘭男裝風格，服裝材質則是最高級的歐製纖維與紗線。她的服裝風格通常被解釋為現代極簡風。

雪琳‧吉爾德的非傳統服裝

雪琳‧吉爾德出生於 1946 年，在愛爾蘭長大。在 1978 年爆發革命前，她搬到洛杉磯，不久後又遷到倫敦。她與大部分的服裝設計師一樣，因為找不到適合自己的服裝，而開始為自己設計服裝。她的朋友很欣賞她的設計，訂單也接踵而來。因此，她在 1991 年創立了自己的品牌。與大多數英國服裝設計公司一樣，雪琳‧吉爾德獨資創設公司，而且只設計女裝。之後在她先生，也是設計師的羅賓‧吉爾德（Robin Guild）的協助下，她的事業版圖擴及全球市場。在美國、德國與倫敦等地都有連鎖店的「自由百貨公司」（Liberty），從 1997 年到現在，雪琳‧吉爾德的服裝銷售量一直都是冠軍。不過即使如此，還是很少人知道雪琳‧吉爾德的名字。

雪琳‧吉爾德認為，服裝的功能與審美標準會因為時間而有所不同，因此她的服裝在每季都會有些微調整，不過基本的方形輪廓及多層次風格則不會改變。對雪琳‧吉爾德來說，服裝的功能性及舒適感，是最主要考量；相對的，風格並不重要，在雪琳‧吉爾德的服裝中，上衣通常只有一種尺寸，而裙子與長褲則只分為大、中、小三種尺寸，服裝穿起來的感覺就是，一件衣服從肩膀直下，把整個人包起來，但不是把

人蓋住。雪琳‧吉爾德的服裝受到不同年齡、不同體型女性的歡迎（這是雪琳‧吉爾德最引以為傲的地方），這種情形在高級服裝市場是很罕見的。在歐洲或美國的大都市，雪琳‧吉爾德的服裝適用性很廣，不管白天或夜晚、正式或休閒場合，都可以穿上雪琳‧吉爾德的服裝而不失體面。這是雪琳‧吉爾德最聰明的地方，即使是同一種款式的服裝，只要在材質及外罩薄紗上做一點改變，就能適合於不同的場合與目的。

通常，男裝使用的材質都比較高級，例如細條紋羊毛、柔軟的法蘭絨、硬挺的棉襯衫、蘇格蘭羊毛、粗花呢布、以及愛爾蘭亞麻布等，這些昂貴布料正是雪琳‧吉爾德服裝的主要材質。不過，她也會大膽嘗試新材質，例如她最近推出的系列服裝，就使用一種帶著鋼鐵成分的絲質薄紗，充滿現代感、而且閃亮著光澤；這個系列服裝的特色，在於它的特殊材質，例如用紙做成布料及薄紗。因為將大麻用於服裝製作是合法的，因此雪琳‧吉爾德便大量使用這種環保又多用途的素材，來設計她的服裝。雪琳‧吉爾德服裝的基本色系是深色及中性色，參雜一些靛藍色、亮橘色、黃色及一些趣味性的設計，整體花紋看起來呈現幾何圖案──條紋、格紋、或編織成結的圖案。

雪琳‧吉爾德服裝的民俗風格以及對實用性的強調，正是「非傳統服裝」的特色（這種服裝有時會被描述為「怪異」），選擇這類服裝的人通常都對時尚嗤之以鼻。這裡，我們就針對這類服裝的歷史背景加以說明。二次戰後，時尚的定義變得分歧，完全依賴個人的解讀，次文化風格在此時開始風行。當然，在 1950 年代以前，時尚的發展還是很單一的，任何違反時尚的風格可能都會被視為怪異，甚至遭到排斥。在二次大戰前，只有大膽的社會菁英、藝術家及學者，才敢穿著違反時尚的服裝，顯現他們與眾不同的品味。「非傳統服裝」在全球都曾出現，但在英國則特別受到討論。

「自由百貨公司」位於英國的分店，是雪琳‧吉爾德服裝的主要熱銷地點。這家公司向來很支持具有原創性的英國服裝設計師。這家大型百貨公司創立於 1875 年，主要販售來自日本、波斯、中國及印度的布料與傢飾品。創立以來，它吸引了許多思想

前衛的文學家及藝術家。由於對非傳統服裝的偏愛,這家百貨公司提供了唯美主義者及拉斐爾前派最鍾愛的,寬鬆的、流露著中古世紀及古典風格的服裝(當然百貨公司內也有一些較具時尚性的服裝系列)。由於雪琳‧吉爾德的服裝很強調舒適性,而且使用天然材質與手工技巧,因此她的服裝與革命性的「非傳統服裝」,其實是有許多共通性的。

服裝改革運動

服裝革命運動可以追溯到十八世紀末期,與法國大革命的政治思潮有所關聯。從這個時候一直到二十世紀初期,時尚界的爭論重點一直集中在女性的褲裝上。十九世紀初期,英國及美國有一群擁護理想主義的社會學者,提倡實用性的服裝風格,強調服裝應該多樣化,減少性別及社會階級的區別。

到了 1850 年代,在紐約的迪斯特‧布魯曼夫人(Mrs. Dexter C. Bloomer)的推廣下,服裝革命運動受到大眾的注意。迪斯特‧布魯曼夫人是一位活躍的女性解放運動者,她喜歡穿燈籠褲,而且她也大力提倡這樣的服裝風格。她拒絕穿當時時尚的那種笨重的蓬蓬長裙,相反的,她喜歡穿著及膝的寬鬆外衣,搭配著有很多口袋的九分燈籠褲。如同史黛拉‧瑪莉‧紐頓(Stella Mary Newton)所說的,布魯曼夫人的服裝風格,無疑是受到版畫中那些充滿魅力的土耳其美女的影響,她們展現出來的,是一種對拜倫的崇拜,以及法國征服阿爾及利亞後的狂熱時尚風潮。在經過一整個世紀之後,雪琳‧吉爾德又重新展現這種「庫德式」(Kurdish)褲裝的功能及美感。

雖然這種庫德式服裝的生命很短暫(布魯曼夫人在輕便的硬布裙問世後,就放棄了原先的庫德式打扮),而且穿的人很少,但女子褲裝卻因此引發許多爭論,例如女性時尚服裝通常都不健康、不理性,而且流行期很短暫。這類爭議甚至引發了醫學界的討論。在 1984 年於倫敦舉行的「國際健康展覽」(International Health Exhibition)中,

服裝革命運動再次重現世人眼前。展覽主辦單位之一正是理性服裝協會。該協會成立於英國，由韋思康堤斯・哈伯騰（Viscountess Harberton）及許多醫師共同成立，主要訴求是：「反對所有扭曲肢體、妨礙肢體活動，或可能危及身體健康的服裝潮流。」

　　服裝改革者強調服裝應該具備實用、舒適、健康及女性平等等功能，雖然他們的訴求很實際，但媒體卻總是將他們形容成怪異、荒誕的一群人，而諷刺漫畫也時常將他們當作揶揄的對象，而且女性更時常成為諷刺漫畫的主角。因此女性主義者不怎麼支持服裝改革運動，認為這種運動會對女性主義造成負面效果。

　　第一次世界大戰爆發後，服裝改革運動曾經中斷一段時間，當時為因應生活方式的改變，流行一種舒適、耐磨材質的運動型服裝，就像巴黎時裝設計師香奈兒夫人及尚・巴杜（Jean Patou）所推出的毛織運動衫。1920 年以後，時尚設計師快速推出各式各樣的時尚服裝，其中當然也有以服裝功能及舒適度為主要訴求的。到了二十世紀晚期，時尚已經變得非常多元化，女性比從前擁有更多自由，去選擇自己喜歡的服裝與飾品，不過其中仍然有許多人認同服裝革命運動的訴求，這些人喜歡雪琳・吉爾德那種不退流行的民族服裝風格，遠甚於空洞、處處限制、又短暫的流行服裝。

馬利安諾・佛特尼的服裝創意設計

　　經過了將近一個世紀之後，我們姑且不談當時的時尚風潮是什麼，當時有一位叫做馬利安諾・佛特尼（Mariano Fortuny）的服裝設計師，他設計出來的服裝非常值得一提。他設計的外套及洋裝定價極高，一般人會購買不只是因為它經典的設計，而且也因為它的奢華感與實穿性。這位威尼斯時裝設計師的作品，吸引了一群愛好波希米亞風格、具高度時尚感的顧客，就如同今日雪琳・吉爾德的作品一樣。佛特尼及雪琳・吉爾德的作品及成功模式，在許多方面非常類似。佛特尼是一位多產的設計師，同時也是一位非常成功的創作天才，他是一位藝術家、前衛攝影師，也是很強的舞台設計

師，他甚至設計過汽艇並取得專利。不過，他最為人所知的，就是他在 1906 年到他去世前所設計出來的織品及服裝。佛特尼出生於格拉那達的一個藝術家庭，父親是一位知名的畫家，以阿拉伯主題的畫作聞名於世，同時也很熱中蒐集東方藝術品及傢飾品，包括紡織品，他的喜好對佛特尼有很深遠的影響。

佛特尼在服裝設計方面的能力，可說是自學出身。他不喜歡當代的服裝潮流，相反的，他喜歡研究歷史及民族服裝，包括埃及土著、北非人、摩爾人、印地安人、古希臘人，及義大利文藝復興時期的服裝風格，並從中獲得靈感。他設計的第一個服裝系列叫做克諾塞斯（Knossos），是一種三角輪廓、將全身包得緊緊的服裝，在當時因為簡潔的設計而備受矚目。相對於當時流行的緊身衣，或由巴黎設計師保羅・波瑞（Paul Poiret）所提倡的異國風情服裝，佛特尼的服裝比較沒有結構性，也因此具備更多自由想像的空間。

1907 年，佛特尼推出他最著名的「德爾菲服裝」（Delphos dress），並於 1909 年取得專利。「德爾菲服裝」是一種仿古希臘長袍式的精緻絲質打褶外套，推出後熱賣了將近四十年。由於這種服裝的服貼性，一開始曾被認為是過於大膽的設計，不過它也吸引了喜愛波希米亞風格的消費者，包括舞蹈家伊莎朵拉・鄧肯（Isadora Duncan）。此外，這種服裝在女性社交圈也很受歡迎，這個圈子的女人通常都很喜歡藝術，她們將這種舒適的服裝拿來當作家居服，讓長期裹著緊身服的身體，可以獲得暫時的紓解（她們在社交圈的午茶時間，通常都穿著緊身服）。之後，佛特尼又從紗麗（印度婦女披裹在身上的捲布）及土耳其長袍中獲得靈感，進而設計出類似的服裝，這些服裝同樣都方便身體自由活動；此外，佛特尼還運用獨門技術，親自為這些服裝進行印染工程。

雖然這些服裝及織品讓佛特尼獲得不小的經濟利益，但他卻很少受到媒體的關注〔佛特尼曾在普魯斯特（Marcel Proust）的《追憶似水年華》（*Remembrance of Things Past*）中被記上一筆〕。通常，只有那些最新穎的、最具戲劇性與震撼效果的服裝，

才會吸引時尚攝影師、記者及編輯的注意與討論，但這些服裝通常都不太受消費者青睞。同樣的，雪琳·吉爾德的服裝也很少受到媒體的關注，因此雪琳一向不喜歡舉辦服裝秀。此外，雪琳也不喜歡為改變而改變，因此，她的服裝呈現出來的是一種耐人尋味、超越時間的優雅風格。不過，與佛特尼不同的是，雪琳不反對時尚年曆，她會在年曆上秀出兩年來的設計作品，1999 年她甚至推出「年中特輯」。她會在年曆中邀請她的全球客戶來參加倫敦時尚周；客戶可以在她的服裝展覽室直接下單，也可以在巴黎的貿易博覽會上下單，或透過德國與義大利的經銷商下單。

布魯曼夫人的服裝風格所展現出來的，是一種對拜倫的崇拜，以及法國征服阿爾及利亞後的狂熱時尚風潮。

雪琳的客戶遍布全球，她的服裝展現出濃厚的英式風格。1954 年，西西亞‧比頓（Cecil Beaton）曾如此說道：「這位英國女性所展現出來的品味，有一種獨特的文學氣息。有人可能會說，這就是維吉尼亞‧吳爾芙（Virginia Woolf）欣賞的服裝類型，因為它包含了思想的成分在裡面。她的服裝可說是一種蘊含著浪漫魅力的懷舊作品，只要是感性的女性都會喜歡這種服裝。」

五十年後，這樣的描述依舊正確。英國女性喜歡將時尚服飾與帶有懷舊民族風的元件混搭在一起，英國媒體也很罕見地報導這種現象。如雨後春筍般出現的懷舊服裝店、民俗商場，及拍賣中心，都是維繫這股潮流的重要媒介。

亞洲文化對西方服裝的影響

民族風的來源有一定的脈絡，而且通常被賦予浪漫與夢幻的色彩。民族的原始服裝、圖畫、版畫、雕刻品以及陶器等，都是設計師設計民族風服飾時的靈感來源。非西方的服裝及紡織品流入西方時尚界，這股潮流可以追溯到十三世紀末期，當時馬可波羅帶著第一批中國藝術品回到歐洲。從那時候開始，中國、印度、東南亞、日本（以及少部分波斯、伊朗）的服裝及紡織品的剪裁、樣式及用色，帶給了歐洲設計師新的靈感，歐洲的服裝界因此往前邁進一大步，而走在時尚的尖端。在 1994 年，大都會博物館的藝術學會曾舉辦一場名為「東方主義：東方藝術對西方服裝的影響」的服裝秀，發表作品的設計師包括理查‧馬汀（Richard Martin）及哈洛‧柯達（Harold Koda）等人，這場服裝秀的目的，就是要表現東方魅力對西方的影響，以及西方時尚文化吸收東方文化後的結果。

這場「東方主義」的服裝秀，展現出多樣化、兼具歷史性及當代性的服裝美感。在多元文化的社會發展趨勢下，許多設計師的靈感都是來自外來文化的服裝，像是土耳其設計師瑞費‧歐茲別克（Rifat Ozbek）及日本設計師三宅一生（Issey Miyake）的作

品。這場服裝秀中，比較為人所知的作品，都是活躍於 1980 年代及 1990 年代這段時間內的設計師服裝，他們對異國服裝的風格並非全盤接收，而是將異國服裝的特徵加以變化，並與現代服裝融合。例如凡賽斯在他 1994 年的春裝系列中，就用到印度沙麗的服裝風格，但又結合了龐克的美感，成為迷人的洋裝。這件服貼的兩件式洋裝是高亮度的合成針織羊毛衫，上罩一件用八個大釘扣固定的平坦長裙。在 1990 年代後期，印度的沙麗服影響了許多設計師，沙麗的材質被廣泛用在許多時尚服飾及傢飾上。

1990 年代，亞洲文化大量滲透到許多歐洲的設計與文化潮流中，時尚只是其中的一部分，包括刺繡、亞洲音樂及亞裔模特兒等熱潮，都是明顯的例子。不過，這種趨勢也引起了部分亞洲人士的諷刺與仇視，因為他們看見自己的文化被過度簡化。如同海帝・猶塔（Hettie Judah）在《週日獨立報》（Independent on Sunday）期刊中，發表一篇標題為〈放過我們的文化吧〉的文章，他在文章中嚴詞譴責西方對亞洲文化那種「隨手亂用」的態度，認為這樣會讓亞洲文化變得一文不值。海帝將這股亞洲狂熱解釋為，「緩解西方資本主義的精神萬靈丹」。

在一個社會面臨經濟危機或社會分裂時，那

馬利安諾・佛特尼著名的「德爾菲服裝」。

些所謂「已開發」的工業化社會，通常會將文化浪漫化，或讓時尚變得比較趨近「未開發」文化，這聽起來還滿諷刺的。在 1930 年代、1960 年代與 1970 年代初期、以及 1990 年代，服裝的時尚趨勢都曾經表現出這種現象，服裝設計的重心，則是放在非西方的服飾風格及手工材質上。雖然有些不當操弄民族風情的設計師，可能會被批評為拙劣的模仿者，但雪琳・吉爾德的服裝因為充滿創意，並且用現代極簡主義的風格去詮釋本身文化的服裝傳統，因此她的作品得以表現出一種雋永的文化內涵，高貴又有整體感。

　　大家都知道，愈是簡單的設計，愈能表現設計師的才能。在簡單的設計風格下，任何在服裝比例、結構或材質上的一點點小瑕疵，都會變得非常明顯，因為這些瑕疵無法被其他繁複的裝飾所掩蓋或修飾。現代極簡風的建築界大師約翰・帕森（John Pawson），曾經將「極簡」定義為「一位藝術家無法再藉由簡化手法讓作品變得更好時的完美境界。這是一種當每種元素、每個細節、每項環節都被濃縮到最精華時，所展現出來的作品品質。這是去除雜質後所得到的結果。」

　　英國的時尚風潮總被認為是充滿異國風格的，而英國本身的文化則往往讓人聯想起圖案複雜的印花布。不過，在英國的設計史上，其實也曾經存在過細緻的極簡風潮，雪琳・吉爾德的作品就可被視為這股風潮的一部分。這種風潮也同樣表現在其他的藝術形式上。《倫敦極簡風》（London Minimun）一書的作者赫伯特・亞瑪（Hervert Ypma）就曾指出，倫敦的極簡主義在 1990 年代中期達到巔峰。他還舉出幾個當時表現極簡主義的實例，包括建築師喬治安（Georgian）、服裝設計師克里斯多福（Christopher）在十九世紀末期推出的金屬裝、建築師伯特赫・路特金（Berthold Lubetkin）於 1934 年為倫敦動物園設計的企鵝池，以及頂尖當代工藝家設計出來的作品，如雷・奇（Ray Key）雕刻的木碗和艾德蒙・沃爾（Edmund de Waal）製作的陶瓷花瓶。亞瑪希望藉由這些案例，證明在英國的設計史上也曾出現極簡、實用風潮。

　　極簡主義不只是一種設計風格，而且是一種哲學思想。雪琳·吉爾德時常請工藝師傅為她的家與工作室製作極簡風格的藝術品，而雪琳個人也勵行儉樸的生活方式。此外，簡約也是許多宗教及精神學派追求心靈平靜與健康的方式。布魯斯·查特溫（Bruce Charwin）曾如此描述極簡主義的廣泛性：「看看空曠的 Sanraedam 教堂，看看震顫教派（Shaker）的建築物，聽聽薩提（Satie）的鋼琴音樂，看看塞尚（Cézanne）的畫作，表面上雖然空曠或空洞，實際上卻蘊含著深厚的內涵。要達到這樣的境界，需要超高的技巧。」

　　雪琳·吉爾德極端講究服裝的設計與品質。她的服裝模特兒，在羅賓·吉爾德的掌鏡下，通常是在純白的布景下，擺出冥想的姿勢，身旁不會有道具，也不會有任何具有文化指標的東西出現。

　　時尚的生命通常很短暫，因此才會有不斷推陳出新的時尚服飾出現。但雪琳·吉爾德的服裝似乎不在這樣的遊戲規則內，因為她設計出來的服裝從未真正進入時尚，也從未掉出時尚之外。我們很難找到一個合適的名稱來界定她的作品，瓊安·依徹（Joanne Eicher）曾經針對全球的時尚服飾提出一個有用的定義，她將流行於全球的服裝區分為 T 恤、牛仔服飾、商務套裝以及運動鞋，但這樣的定義並不適合雪琳·吉爾德，因為這種定義法沒有考慮到民族風格。此外，雪琳·吉爾德的服裝曾被解釋為「概念式服裝」，意指她的服裝是植基於思想，而非功能。但事實並非如此。也許用「前衛藝術」來形容雪琳·吉爾德的服裝會比較恰當。雪琳·吉爾德從未天花亂墜地推銷自己的服裝，她只是簡單地說，她想做她自己想穿的衣服，而且很高興知道其他女性也喜歡她的服裝。

　　馬克·李奧納德（Mark Leonard）曾在 1997 年發表一份寓意深遠的報告，「英國：重新界定我們的定位」，這份報告是由迪蒙協會（Demos）出版，該協會是一個獨立的思想組織，關心英國及其他先進工業社會長期面臨的問題。馬克在報告中強調，英

國是一個充滿創意與多元化的社會，但全世界對英國的認知卻是「一個緊抱傳統的守舊國家」，馬克的報告就是在探討這個認知差異的問題。另外，亞斯敏・阿里巴海–布朗（Yasmin Alibhai-Brown）也曾提出相同的論點，他曾寫道：「下個世紀的一個重要課題，就是要創造英國多元民族相互融合的定位，那是一種包容而非排外的、感動而非強迫的，而且是懷舊的特質。」

　　某方面來說，雪琳・吉爾德設計的服裝已經達到這樣的標準，因為她的服裝運用跨文化元素、從傳統中吸取養分，並且窺探未來。

時尚產業大解碼

part 3

在過去，時尚產業界人士的觀點在時尚理論的發展過程中，一向不被重視，時尚產業的實務經驗是偶爾才被提及的案例。其實時尚產業本身可以提供更直接的時尚資訊，實務經驗則可以幫助一個人更了解時尚的本質。

本篇揭開了時尚業界中創意的真貌，也解開了許多人對創意的錯誤認知。除此之外，還提供許多有趣的業界故事，可以用來再次檢視當今某些被認為牢不可破的時尚理論，例如服裝設計與大眾市場之間的關係。透過各式各樣的解碼過程，讓人窺知當代時尚產業的複雜內涵。

第 5 章

伊恩・葛里菲斯

隱形的時尚設計師
The
Invisible
Man

　　有人說，我是英國時尚設計教育體系下的典型產物，就某種程度來說，我的確是的。我於 1985 年畢業於曼徹斯特綜合技術學院（Manchester Polytechnic）、1987 年畢業於皇家藝術學院（Royal College of Art）。就像其他同行一樣，我畢業後成為一名服裝設計師，為一家在當時規模不小的義大利服裝公司 MaxMara 集團（MaxMara Group）工作。不過，我的職業生涯在 1992 年有一個很大的轉變，當時我接下了金斯頓大學時尚學院（School of Fashion）院長，同時也是金斯頓大學的教授，在接下這些工作的同時，我仍然是 MaxMara 集團的設計師。由於我有機會同時橫跨實務界與學術界，因此可以清楚看見時尚理論與實務之間的差距，而這也是本章所要探討的重點。

　　在我還是學生的時候，被教導要用線性的觀點，去學習關於時尚歷史與理論的知識，並且熟讀像恩尼斯坦・卡特（Ernestine Carter）及普魯敦・葛林（Prudence Glyn）等人的生平傳記。有一天，當我無聊地在曼徹斯特的服裝展覽館（Platt Hall Gallery of Costume）參觀時，我覺悟到一個道理，學校教的時尚，大部分是死板板的歷史，很少教到比較動態的建築學或設計學，因此對時尚設計的實際操作並沒有很大幫助。我想

The Fashion Business
時尚經濟

這應該是當時很多時尚學院學生（這些人現在都已是服裝設計師）共同的想法。如果沒有回到學校教書，我可能永遠不會知道，在我畢業了那麼多年以後，時尚這門學問在學校已經衍生出那麼多不同面向的相關研究。

和大部分人一樣，我知道時尚已經發展成一個重量級的研究領域，它的明星設計師及超級模特兒，一定會在大眾文化的文章裡被提到；但令我驚訝的是，時尚產業竟也吸引了社會學家、心理學家、哲學家、文化學者、社會與經濟史學家和歷史學家的興趣。這些來自不同領域的專家學者取道於古老的文獻，例如十九世紀的社會學家索斯坦‧衛伯林（Thorstein Veblen）及語意學家羅蘭‧巴特（Roland Barthes）的研究，進而發展出新的研究結果，讓前人的智慧結晶得以架構出當今的時尚學。

由於時尚學牽涉到太多不同的研究領域，因此無可避免地發生了激烈的方法學爭辯。雖然目前的爭辯已稍有舒緩，但大家的共識就是各行其是，各做各的研究。不管最後是理論或歷史研究取向贏得勝利，他們都忽略了一件重要的事，那就是，在所有關於時尚的研究中，沒有一篇是由設計師所寫，也沒有一篇是從設計師的角度來討論的。像我這樣的設計師，在學院的研究中彷彿像個隱形人，就算在媒體所出版的《設計師名人錄》中也是一樣的狀況。

這說起來很難以置信，上千名設計學院的畢業生或研究生，雖然都接受過理論與實務的訓練，但卻沒有一位設計師曾經出版過任何研究作品或出版品，讓學術界對設計領域有更多了解。

時尚學通常被視為設計產業的最下游、而建築學則被視為最上游的概念。有鑑於此，我試著比較金斯頓大學時尚學院一年級學生的研究書目，以及建築學院一年級學生的研究書目。在時尚學院的 39 篇研究書目中，只有一位作者曾經擔任過設計師的工作；而在建築學院的 40 篇研究書目中，則有7篇是由現任建築師或景觀設計師所寫。

　　《時尚理論》（*Fashion Theory*）於 1997 年創刊，作者將此期刊定位為「第一本嚴肅討論服裝、身體以及文化的期刊」。本書刊載時尚相關領域的研究作品，讓更多人對時尚有進一步了解，但其中卻沒有任何一篇文章是由設計師或是時尚相關產業人士所寫。

　　當然，時尚設計師也會出書，雖然他們的書是時尚學院學生的重要參考資料，但卻不夠有學術分量。保羅・波瑞特（Paul Poiret）雖聲稱自己所寫的書徹底解放了緊身衣的潮流，但實際上卻未對時尚產業有什麼深入的描述。柯林・麥當威（Colin McDowell）曾將 1980 年代那些滿是圖片的時裝設計書籍，形容為「出版界的花瓶，美麗卻很空洞」。相反的，建築師史汀・艾勒・瑞斯穆森（Steen Eiler Rasmussen）曾寫過一本書叫做《體驗建築學》（*Experiencing Architecture*），裡頭收錄了不同建築師的作品，而不是作者自己的作品，史汀表示本書的目的是要「說明建築學的真諦，展現建築學的浩瀚，彰顯建築之美」，在時尚產業中，卻沒有任何文獻可以達到這樣的境界。在建築學領域，成功的建築師通常會出書或發表文章，針對歷史或當代建築設計議題發表個人意見，這樣的傳統甚至可追溯到羅馬設計師維多維斯（Vitruvius）。

　　時尚學絕對無法與建築學的悠久歷史相比擬，不過比較這兩個領域的相關理論，卻讓我得到一些有趣的結論。在建築學，執業的建築師通常較占優勢；而在時尚學領域，卻是以歷史學家及學術界人士為主。本章的目的就是要顛覆這個現象，這次要由一位現任的服裝設計師來檢視時尚學領域的相關學術文章。我這樣做的目的並不是要刻意鄙視或責難任何人，而是要找出這些文章的不足之處，並從設計師的角度提出一些建議，讓時尚學的研究更加完整與深入，去除一些盲點，進一步提升時尚學及時尚設計學的學術地位。

　　接下來，我要提出時尚學學術界所關心的幾個重要議題。我的主要關注焦點會放在目前最常被閱讀的幾本書或期刊中的文章，包括《時尚理論》這本期刊。此外，我

也會引用其他不在這些書目或期刊中的文章或參考資料,因為這些文章或參考資料,可以幫助我們對當代討論的議題有進一步了解。最後,我會從時裝設計師的角度,提出我自己進行的一項個案研究,用來佐證先前提到的一些論點,並補充時尚學術界研究的不足。

跨領域的時尚學

由於時尚界人士對時尚學的研究沒有任何具體貢獻,因此關於時尚學的論述都是來自其他領域的研究。也因為這一個緣故,時尚學院的學生(他們常被認為是膚淺的)被要求要研讀不同領域的文獻與研究,包括人類學、社會學、文化研究、經濟學、藝術史、文學、社會學、心理分析、心理學、語意學、結構主義、馬克思主義、女性主義等等。如同馬爾康・巴納德(Malcolm Barnard)強調的,「由於時尚學與服裝學牽涉到許多不同領域,因此必須從不同領域的角度切入來研究時尚與服裝學。」很少人會把這種現象看作是一個問題,例如伊麗莎白・威爾森(Elizabeth Wilson)就曾表示:「試圖從不同角度同時審視時尚學,正好與後現代主義的美學標準相呼應,而這樣的美學標準對注重表象、新奇及風格的時尚學來説,特別適合。」對時尚學的學生來説,時尚學這種跨領域的特色,其缺點就是在他們研讀研究報告時,心裡總是會有一種不確定感。詹姆士・萊弗(James Laver)曾經引用卡萊爾(Carlyle)的《服裝的來源與影響》(*Clothes, their Origin and Influence*),來表達他對時尚學跨領域研究的疑慮。這本書包含許多虛構故事,影射服裝對社會的重要性,不過萊弗表示:「很快的,我們會發現這些故事就像國王的新衣,旨在將我們拉回人類的最起點,去思考人類的本質以及人類在宇宙中的角色。事實上,卡萊爾對服裝根本沒有興趣,他甚至是鄙視服裝的。」

時尚學院的學生已經很習慣閱讀文獻時的挫折感,當他們看見文章標題包含「時

尚」這兩個字時，這些文章可能根本是在探討其他領域的議題。例如像〈時尚、文化與認同〉（Fashion, Culture and Identity）這篇論文，就是在描述文化研究者如何將時尚看成是「一種逐漸侵犯文化研究領域的現象，而不是在探討時尚學對現代社會所造成的影響。」這篇文章的作者弗萊德・戴維斯（Fred Davis）就很清楚表示：「每一位學者都只能研究某些部分、而捨棄其他部分。期望任何一位學者去探討所屬領域之外的問題，是沒有意義的。」難怪語意學家羅蘭・巴特要特別探討服裝的設計、製造與流傳等問題。巴特在《時尚體系》（Fashion System）一書中，就利用時尚雜誌的圖文說明，提出「紙上服裝」（written garment）這個概念，並進一步探討「紙上服裝」的溝通模式。巴特表示，若要針對「真實世界的服裝」（real garments）進行系統性分析，就必須探討主宰服裝製造過程的種種因素。事實上，巴特認為真實世界的服裝體系是一種「科技」，而他也承認，這樣的研究已在他的研究範圍之外。

膚淺、庸俗、歧視

我們可以這樣說，不論是學生或時尚業界人士，當初選擇時尚這一行，主要是因為他們相信這個行業是有價值的。他們可能曾經懷疑過這個產業的政治、倫理或道德價值，但當他們涉獵愈深，他們就愈能發現這個產業與眾不同的價值。沒有人會想要一直質疑自己所處行業的價值，但時尚作家就不能如此安心自處。伊莉莎白・威爾森就曾經表示：「由於時尚產業不斷被詆毀，因此任何關於時尚的研究，都必須證明這個產業的價值。幾乎所有時尚作家，不管是記者或歷史學者，都不斷強調時尚做為文化指標及藝術形式的重要性。」

在《時尚理論》創刊號的導言中，維萊莉・史蒂爾（Valerie Steele）引用她幾年前寫過的一篇名為〈時尚這個字〉（F Word）的文章，該文點出了當時時尚在學術界的角色與定位，她說：「時尚在當時並不是什麼美好的東西」，相反的，時尚被認為是

The Fashion Business
時尚經濟

「膚淺的、有性別歧視的、庸俗的、拜金的」,所以是受到蔑視的。不過,令人高興的是,史蒂爾表示,在《時尚理論》創刊之時,時尚已經開始「受到藝術家及相關學者的注意」。不管一般人對時尚的態度有多大的轉變,先前那些對時尚持反覆態度的文章,至今仍然被許多時尚學院學生拿來當作重要參考依據。這些文章中,有些是採防衛性、有點抱歉的口吻,例如威爾森的文章;有些則採取高傲的口吻,以優越的姿態描述時尚這個領域;有些則表現出毫不掩飾的敵意。

　　史蒂爾很高興見到時尚學在學術界的地位有所提升,而時尚學獲得藝術家及學者

的青睞，這產生了另一個效應：原本被認為混沌與粗糙的時尚學，如今漸漸脫離世俗色彩，開始進入抽象思考的領域，並且更加接近藝術的境界。

反感、若有似無及毫不掩飾的敵意

金斯頓大學時尚學院一年級學生的參考書目中，有一本名為《時尚化的個體》（*The Fashioned Self*）的書，這本書是由人類學家兼社會學家瓊安‧芬克斯坦（Joanne Finkelstein）所寫。我希望那些對時尚有濃厚興趣的學生千萬不要看這本書，這本書有很強的論述邏輯及權威性，足以讓人放棄時尚這個行業。作者這樣表示：

本書的論點是，如果我們還是那麼注重外表，如果我們繼續維繫這個以外表為賣點的龐大產業──也就是以顧客為導向的化妝品、時尚及藥妝產業，那麼我們就是在證明人性是虛偽的。

芬克斯坦對時尚及時尚產業的反對，可從她的理論中看出來。她的理論表示，我們對外表的興趣源自於面相學，這是個不足以採信的領域，認為一個人的心理及思想狀態可以藉由外表的特徵而得知。芬克斯坦認為，時尚及時髦是現代社會刺激人類經濟動機的卑劣伎倆；她還表示，當我們屈服於時尚，藉由時尚來展現自我時，我們實際上已經否定了自己。芬克斯坦的文章不斷強調一個觀點，就是被時尚製造出來的個體，都有不正確的價值觀，因為時尚本身就是一種偽裝與假象，因此是含糊不清與欺騙的。芬克斯坦的論點聽起來似乎非常具有正當性，但她沒考慮到有些熱愛時尚的人，他們喜愛的其實是外表底下的東西。

就像許多其他對時尚加以責難的人，芬克斯坦也認為時尚是資本主義社會下的產物。那些對資本主義意識形態持反對態度的人，應該都對時尚抱持著相同的看法。芬

克斯坦在《時尚理論》中發表的文章，特別針對時尚產業、以及時尚造成的可怕經濟後果加以闡述。就像其他人一樣，她也在文章中表示，在個體努力追求個人利益的過程中，「時尚彷彿是個人社會地位的保護傘，但實際上卻適得其反。」時尚顯然無法引起芬克斯坦的任何興趣與好感。當我第一次讀到芬克斯坦的文章時，我真不敢相信她對時尚竟有這麼大的反感。我也不確定帕瑪（Palmer）在《時尚理論》期刊中，評論芬克斯坦的〈時尚過後〉（After a Fashion）一文時是什麼立場。《時尚理論》這本期刊一向是時尚學院學生接觸時尚理論的入門書，帕瑪在期刊中表示，「芬克斯坦似乎在嘗試說服自己時尚學的重要性，並且也想讓讀者覺得，雖然她擁有豐富的學識及閱讀經驗，她對時尚這門學問其實充滿了愛恨交雜的矛盾情緒。」

當然，我們還是可以輕易找到與芬克斯坦不同的論點，例如珍妮佛‧奎立克（Jennifer Craik）就不贊成「將『時尚』視為資本經濟體制下的穿衣行為」；馬爾康‧巴納德（Malcolm Barnard）則指出：「時尚與服裝是一種欺騙，在所有的溝通過程中被用來製造假象。」我在本文中只提出芬克斯坦的論點，並不是要反駁這些論點，而是要突顯時尚學的獨特性，它一方面被公開的研究與實踐，另一方面卻又存在著許多暗藏敵意的學術文章。伊莉莎白‧威爾森就曾經表示，即使是最常被時尚學研究拿來當作參考資料的索斯坦‧衛伯林和羅蘭‧巴特，也都認為，「就道德角度來說，時尚是不正當的，而且某種程度來說，時尚是會引起反彈的。」

一個思想充斥的領域

羅蘭‧巴特在《時尚體系》一書的引言中質問：「如果沒有語言的描述、評論或說明，服裝可以傳達任何意義嗎？人們注定要說話，沒有人可以否定這個事實。」也許對語意學家來說，這個論點是對的；但身為一位時裝設計師，我傾向於相信，「真實世界的服裝」，相對於巴特感興趣的「意象服裝」（image garments）或「文字

服裝」（word garments），不需任何文字就能引起反應（如果思想不被定義為文字的話）。當人們在周末下午去逛街時，他們試穿衣服，如果某件衣服讓他們「喜歡」，或對他們「有意義」，他們就會將這件衣服買下。由於人們很容易受到服裝的感動，因此我認為所謂的「意義」其實包含了部分的情緒在裡頭，而且情緒時常勝過理性的言語。

做為一位時裝設計師，當我試圖要溝通某個想法時，我和大部分設計師一樣，會先畫個草圖，這是最便捷的溝通方式。有時候，我在 MaxMara 會被要求澄清某個想法，這時，說明服裝的技術層面問題很容易，但若要我描述設計該件服裝或系列服裝的目的、要如何吸引消費者青睞時，語言就毫無用武之地。我們設計師常使用一些相同的字，只是利用不同的排列方式，來描述不同系列的服裝，例如某系列服裝可能被叫做「運動優雅風」，而另一系列服裝則被稱為「優雅休閒風」。光用文字很難讓服裝獲得生命，文字只能做為一種輔助的工具，服裝真正的意義還是存在服裝本身，或伸展台上。

當然，我們也可以更積極的用語言來描述服裝；我們可以絞盡腦汁寫出文章，直到我們認為寫下的文字可以完全描述某件服裝的特色，或表現服裝對消費者的意義為止。但這樣做有什麼用呢？我們希望的是，消費者可以不用任何文字，就能感受服裝所要傳達的訊息，就算我們用任何文字或圖像來促銷服裝，我們最終的目的還是要賣服裝，而不是賣文字。不過，那些靠文字維生的時尚作家又面臨到不同的問題。時尚作家努力將服裝的價值轉化成文字，給那些「滿腦子是時髦、藝術、與服裝的人看，尤其是大眾文化領域的學者。」羅蘭‧巴特就曾經說明，當時尚被轉化成文字的形式時，時尚便成為一個「獨立的文化現象」，其型態比較接近文學，而不是服裝製品。當時尚成為各種學術文章討論的對象時，時尚的意義就會被放進思想的架構中，而這個架構可能適合也可能不適合時尚的本質。

有一位服裝設計師的作品時常是學者的研究對象,他就是馬汀・馬傑拉(Martin Margiela)。到目前為止,在《時尚理論》期刊中,至少有四篇文章討論到馬傑拉的作品,原因很簡單:因為馬傑拉設計的服裝,與一般時尚服飾的設計、結構,以及表現方法有很大的不同,甚至是顛覆傳統。艾莉森・吉兒(Alison Gill)就曾經將馬傑拉的作品稱為「解構的時尚」(deconstruction fashion),並且將這種服裝風格描述為「一種具影響力的法國風格,表現哲學思想與解構主義,就如同傑卡・戴瑞達(Jacques Derrida)的文章風格一樣。」這些探討馬汀作品的文章,是很好的「思考訓練」,雖然描述服裝的文字很多,但這些作者其實對服裝本身並沒有太大的興趣。吉兒就曾經這樣表示:

> 那些被廣泛定位為「解構」的東西,其實就是在做一種「解開」(undoing)的動作。解構派時尚其實就是將服裝從傳統功能中解放出來,一步步將服裝解開來。重要的是,透過這樣的過程,服裝變得理論化,藉由時尚,將某種哲學思想傳達出來。然而事實上,服裝本身並沒有從傳統功能中被解放出來,因為解構的力量其實來自時尚以外的其他地方。服裝要從傳統功能中解放出來,必須透過身體、穿衣習慣以及服裝場合之間,複雜的交互作用後才可能達到的結果。

這些文章所謂的解構,導引出各種哲學式的結論,而這些哲學思想在文中其實已透過文字傳達出來。我並非質疑這些文章的學術價值,我只是要說,這些作者對服裝的冗長敘述,讓他們的文章失去了說服力,就等於沒說一樣。如同傑卡・戴瑞達拒絕為「解構」這個字下定義,因為他認為這樣做會扭曲了這個字的意義;馬傑拉也堅持不對他所設計的服裝下任何定義,強調服裝只有經過實際被使用與穿著,才能表現它的意義。艾莉森・吉兒在她的一篇文章註解中也曾經表示過類似的想法,據吉兒自己的說法,這篇文章收錄了馬傑拉自 1989 年以來所有的成衣系列作品,文中對馬傑拉的服裝沒有任何說明,因此我們無法得知每一件服裝中,設計師原本希望傳達的意義。

我發現一件事情很有趣,在《時尚理論》期刊中,所有曾經討論到或提到馬傑拉

作品的文章，沒有一篇談到馬傑拉的背景或引述馬傑拉的話。這些文章都提到，馬傑拉拒絕對他設計的服裝做說明，但當我在寫本文時，我試圖訪問馬傑拉，卻得到很有用的資訊。馬傑拉是透過傳真或第三者回答我的問題，馬傑拉喜歡用這種方式受訪。首先，馬傑拉向我透露，他的公司到目前為止，每季都賣出十一萬一千五百件衣服。而《時尚理論》期刊到目前為止，總共出版約一千份。因此我們可以假設，購買馬傑拉服裝的消費者中，只有一小部分人曾經看過吉兒或其他學者對馬傑拉作品的分析報告。很顯然的，服裝其實是透過其他管道傳播出去的。

此外，我也問到，馬傑拉認為他的顧客是如何解讀他的服裝？我得到的回答是：「對那些想知道服裝意義的人來說，他們的資訊管道是透過門市的銷售員或門市所播放的時裝秀影片。」而門市銷售員的資訊管道則是該公司的時裝秀，或該公司在全球各大都市的展覽室裡展示的服飾系列。該公司也強調，有許多顧客「對服裝的反應比較情緒化，不管是對服裝本身，或服裝的搭配性。」

關於時尚的學術文章愈來愈多，它們也許可以幫助我們發現時尚的某些哲學或思想本質；但從一個設計師的角度來說，我認為這些文章並不足以說明時尚的龐大力量與魔力，就像馬傑拉的作品一樣。

時尚與藝術

1999 年，在海沃德美術館（Hayward Gallery）有一場名為「世紀服裝」的展覽，這場展覽不是在展示時尚的文化或工業因素（過去一百年來，時尚一直是這樣被解讀的），而是時尚與藝術的關係。這並不令人意外，看看最近探討類似主題的展覽與文章，我們可以發現，過去一向被認為膚淺、不學無術的時尚學，如今已被重新定位。由於時尚學沒有自己的理論、哲學或評論作品，因此時尚學一直被套用在其他領域的理論範疇裡。

The Fashion Business
時尚經濟

　　時尚與藝術一直都有密切的關係，就如同其他領域，例如設計、建築、文學、及音樂，與藝術都有不可切割的關係。時尚的藝術成分在哪裡呢？通常在考量時尚的經濟利益時，設計師就會去突顯時尚的藝術成分。如同拉佛德（Radford）所寫的：「有些設計師會將他們的作品放在某些具有藝術氣息的地方展示，好讓他們的作品看起來像個藝術品，而不是件商品。最近，也有一些設計師會邀請藝術家來走秀，或請他們設計整場服裝秀，這些努力都是為了讓他們的作品和藝術有更強烈的聯結。」雖然目前最常見也最常被引用的論點，因為考量到時尚的經濟層面問題，都是將時尚放在藝術以外的領域裡討論。但根據拉佛德的說法，在學術界、在時裝設計師圈子裡，以及在時裝雜誌中，藝術與時尚已經變得不可分割、相互融合在一起了。

　　馬汀‧馬傑拉時常選在現代藝術的美術館或博物館展示他的服裝作品，這些場所都會吸引藝術評論家前往觀看。可想而知，在「世紀服裝」的展覽中包含了至少三套馬傑拉的作品，這些作品已於 1997 年在鹿特丹（Rotterdam）的布尼根博物館（Museum Boijmans Van Beuningen）中展示過，這些都是馬傑拉帶有藝術色彩的成衣作品。在「世紀服裝」展覽會中，馬傑拉的作品被展示在最後一區，名為「融合」，同一區展示的，還包括三宅一生、羅伯特‧卡布奇（Robert Capucci），以及川久保玲等人的作品。克萊兒‧卡爾森（Clare Coulson）曾參觀過這場展覽，並在《時尚理論》期刊中發表她的看法，她說：「這些設計師都不喜歡被分類，他們希望他們的作品被放在一個服裝形式與功能融合、思想自由開放的場所。他們的作品既是藝術品，也是時尚。」

　　這種趨勢很受當前時尚學院學生的歡迎。在我寫這篇文章之時，有些金斯頓大學研究生的研究論文就認為，某些前衛派設計師的作品應該被放在不同的領域討論，並且用不同的角度去評論，他們說的，就是藝術。有些學生認為，某些特別的前衛派服裝設計師，例如川久保玲、山本耀司、馬汀‧馬傑拉等，會比其他商業化的時裝設計師更優秀。學生普遍認為，這些前衛派設計師所說的話，是一種自我表達，而不是刻

意說出來吸引消費者的注意。就像盧基・馬拉摩提（Luigi Maramotti）所說的，我相信一件設計過的時裝，只有在經過某些系統的檢驗，並且成為一樣產品時，才能成為「時尚」。那些引人注目的前衛派時裝，只能在時裝秀或展覽會上製造震撼效果，這些服裝也許可以稱得上是藝術，但我認為，絕對不是時尚。我不是唯一有這種想法的人。當馬傑拉在媒體訪問中被問到這個問題時，他表示：「時尚是一種工藝、一種技術與方法，但不是一種藝術形式。」當我問到，為何評論家會對時尚與藝術之間的問題如此熱中時，馬傑拉如此回答我：

> 我們生活的這個時代，總喜歡過度詮釋與文化或品味相關的任何事件、議題與行動，並做過度的連結。我認為，有兩種方式會將藝術與時尚強行連結在一起，一種是服裝上的藝術飾品，另一種是設計師介紹自己作品的方式。這兩種方式中，只要任何一種方式與目前時尚的美學標準有關，那種方式就會被冠上藝術的帽子。

馬傑拉的公司在 1998 至 1999 會計年度的營業額是一億法郎。該公司在歐洲、美國、日本及全球各地，共有 270 間門市。根據馬傑拉服裝上的吊牌顯示，該公司在紡織品方面已與義大利知名服裝製造公司 Staff International 達成授權協議、而在毛衣方面則與「蜜斯迪娜」（Miss Deanna）獲得協議。蜜斯迪娜的廠房、倉庫及行政辦公室，位於雷吉歐・伊蜜莉亞（Reggio Emilia），MaxMara 的總部也是設在這裡。這家公司的老闆是我的朋友，我時常在她工作時拜訪她。她站在倉庫裡，周遭是一堆又一堆摺疊整齊、裝袋、裝箱好的 MaxMara 毛衣，準備要送往巴尼（Barneys）、伯格道夫・古曼（Bergdorf Goodmand）及約瑟夫（Joseph），這種景象完全與藝術扯不上關係。一位設計師的創意與智慧，竟然可以如此快速而廣泛的傳布出去，這點實在讓我感到非常驚訝。這讓我體會到，任何再有創意的服裝，最終還是會被拿來販售、被穿在身上。它們不是藝術，但這並不會減損服裝的價值。只有當這些成功的服裝被放在具有敵意的系統下批判時，才會折損它們的價值。

隱形的設計師

我先前已經提過，從一位設計師的角度，閱讀那些不能真正觸動人心的文章，有多麼令人失望。那些文章總是漏掉一些重點，因為它們沒有真正去觀察服裝本身，或將服裝放在商業情境下討論。在這裡，我要更深入的討論某些文章，這些文章不是當代設計師所寫，然而卻是在描述當代的時裝設計師。我並不是指那些稱頌設計師的虛華文章，我是指那些客觀研究服裝設計、製造及銷售過程及其意義的文章。我不是第一個討論這個議題的人，戴維斯（Davis）就曾經在〈時尚、文化與認同〉這篇論文中表示：

> 服裝及時尚不會自己改變，而是人類社會造成的，這些改變的因素包括時尚設計師、整體服裝產業，以及消費大眾。許多學者將時尚的轉變看成是一種註定的結果，或時代思潮下不可避免的後果，這樣的思考角度無法真正看清時尚的本質。

此文標榜必須全面性探討錯綜複雜的時尚產業，以了解設計師的想法如何轉化成可販售足以取悅消費者的商品。這論文有很大一部分是在闡述認同、性別、社會地位和性的問題，最後的兩個章節，則在討論時尚的生態與過程。它確實引述一些知名設計師及新聞記者的話，敘述手法雖然簡錬，但卻稍嫌呆板。戴維斯是社會學家，他是從社會學的角度來探討時尚產業，他的敘述手法就像是一位維多利亞時代的鳥類學家，在研究新品種鳥類的生態作息一樣，研究結果可能可以帶給一般讀者一些知識，但對那些才要學習飛行的幼鳥來說，這樣的研究結果是不夠的。這裡的問題，不只是因為戴維斯的背景與時尚學有一段距離，而且也是因為支持他論點的相關資料實在太少了。關於設計師的資料實在是零散又貧乏，而許多人卻只能藉由這樣的資料，來闡述自己的論點，當然，這些資料的討論角度，往往也會因為作者所屬的領域而有所不同。

針對這類試圖探討時尚產業的文章，除了上述批評外，其他批評聲浪還包括，這

些文章沒有充分展現時尚產業的本質。大部分文章的研究對象不脫電影明星、具藝術家條件的時裝設計師等。關於亞曼尼、范倫鐵諾、卡文‧克萊、凡賽斯和薇薇安‧魏斯伍德等人的相關資料，總將他們描述成時裝公司或時尚產業唯一的創作天才。至於那些默默無聞的設計師，則往往被統稱為「街頭設計師」，我們不難發現關於街頭設計師的評論，例如：「他們雖然跟得上時裝潮流，但很重視服裝的實用性。」類似這樣的敘述在 1960 年代以前很常見，這表示，從 1960 年代至今的這三十年來，設計產業的發展從未受到學術界的注意；換句話說，過去三十年來，有上千名設計學院畢業的學生，是被遺忘的。

最後我要討論馬爾康‧巴納德的《時尚與傳播》（*Fashion and Communication*）一書中「時尚、服裝與意義」這個章節。在這個章節中，作者針對服裝意義的幾個來源進行討論，這幾個來源是：設計師、穿衣者和管理機構。作者認為，因為大眾媒體不斷報導設計師的觀點，許多人因此認為設計師的想法就是服裝意義的唯一來源。如果是這樣，那麼服裝的意義就不會隨著時空的轉換而有所改變，但這是不可能的。作者的另一個論點是，穿衣者並不會創造服裝的意義。但如果是這樣，服裝就不可能有不同的解讀，這也是不合理的。作者的這些論點已經進入符號學的領域，討論符號的武斷意義、明示的意義、暗示的意義、結構與典範、神話與意識形態，不需舉例、說明，不需做個案研究，也不需考慮到，在廣泛的時尚概念下，可能存在著不同的「真實」。

一位設計師的小故事

在本文的最後，是一個小小的個案研究，算是時尚學的一項實證分析。分析的結果或許可以回答戴維斯如下的問題：

迷你裙或雙排扣西裝，對那些勇於嘗試新潮服裝的意見領袖有什麼意義？這些意義與其後造成的時尚潮所產生的意義，又有什麼關聯？為何有些意義可以造成時尚、有些卻無疾而終？

The Fashion Business
時尚經濟

　　身為 MaxMara 集團的設計師，我的一部分工作是負責「周末系列服裝」的設計工作。「周末系列服裝」是 MaxMara 集團的系列服裝之一，它帶有一些經典色彩，但又不是那麼正式；也就是說，我們將傳統的服裝屬性，重新做一點改變，以創造出一個新的服裝類型，例如阿倫（aran）毛衣、粗呢外套或狩獵夾克等等。這些服裝具備經典元素，讓消費者不失體面，但又加進一點現代風格。這類服裝很難用口語描述，卻很容易辨認。它們每季在全球的銷售量約五十萬件。我在這裡要以「周末系列服裝」為例來做個案研究，以凸顯MaxMara服飾系列中，這個一般時尚學術研究不會涉及到的次服裝系列。

　　「周末系列服裝」絕對不是前衛服裝，它有很明顯的商業目的；而它的價位定在四百英鎊，也不能算是平價的街頭服裝。我選擇這個系列來做說明，主要是希望表現我們在創造一個相對簡單的時尚服飾時，那種充滿創意與理性思考的過程，並展現服裝的微妙意義，這些都是傳統的時尚學術研究沒有注意到的部分。

　　「周末系列服裝」的重要商品，尤其在冬裝系列，就是外套。一般消費者會希望找一件比較不是那麼正式、並且設計新穎的外套，或如果家裡的衣櫥裡已經有一件剪裁正式的 MaxMara 外套時，他們可能會想添一件風格不同的外套。我們可以將這類外套稱為「大夾克」。我們一般說的外套，比較像是那種剪裁正式的外衣，因此用「大夾克」來描述「周末系列服裝」的外衣比較適合。

　　夾克 A 及夾克 B 是我們設計過的上千件夾克中的其中兩件。夾克 A 是 1997 年秋冬系列的作品，而夾克 B 則來自 2000 年的秋冬系列。夾克 A 的銷售數字超過三千件，銷售成績很不錯；夾克 B 並未上市，這件樣品在經過經銷商、門市及消費者的試用後，沒有得到正面的評價，因此我們沒有大量生產這件夾克。這兩件夾克看起來是如此相似，許多人根本看不出有什麼差別，問題究竟出在哪裡呢？

　　夾克 A 是在 1996 年設計的，當時我們注意到，在紐約、倫敦、巴黎、及米蘭有一些很有時尚感的人，他們走在時尚尖端，引領時尚的方向。這些人開始混搭一些過

去不會被穿在一起的服裝元素，例如絲質的二手晚禮服搭配厚質短毛衣、優雅女衫搭配牛仔褲。我們認為，這種看似不協調的搭配風格可以創造出一種令人驚艷的視覺效果，就像異國圖騰創造出來的效果一樣。

綢褶晚禮服搭配粗短毛衣，這種搭法可能太過極端，如果我們推出這樣的商品，可能很快會被打入廉價市場，因為這種服裝可以很便宜的複製出來。因此，我們決定要加進一點「奢華」的味道。寶石色的絲絨或綢緞可以讓服裝展現一種嶄新的運動休閒感，搭配粗棉材質的白色牛仔褲及相同寶石色系的寬鬆毛海上衣，就可以表現這件夾克的特色。一般人不會用絲絨布料來製作外套，是因為那是一種很細緻的纖維，很容易勾破。但我們有一家供應商，開發出一種仿絲絨的布料，它看起來像絲絨，但實際上卻是「一團毛料」，它只是將許多細小的、像絲絨般的材料緊束在一起，做成一種防水的襯裡布料。我們希望這些夾克在比例、剪裁、及整體呈現上，帶點軍裝夾克的味道。我們之後又做了一點修改，讓這款夾克變得比較輕便，部分細節也加以簡化，因為它看起來太笨重了，另外，我們也為這件夾克縫上襯裡，以增加它的保暖度。這件絲絨夾克因為它的軍裝風格，展現極佳的效果。它就是一件絲絨派克大衣。

這件夾克在展示時，我們在裡頭搭配絲綢襯衫，外罩一件毛海上衣，下搭白色牛仔褲，就如同我們原先構想的一樣；展示當天，沒有人對這件夾克提出任何質疑。我們不需對它多做說明，只需強調，它是防水的，而且刮不破。我們從銷售部門傳來的資料得知，這件夾克的銷售成績及消費者的接受程度，完全符合我們的預期。如果像奎格（Craik）所說的，一位成功的設計師必須「同時兼顧服裝的大膽創新、實用性及消費者的接受度」，那麼這件夾克已經達到成功的標準。

夾克 B 是在 1999 年冬季設計的，當時「城市運動風」已經流行了好幾季。這種風格的服裝通常是合成纖維材質，具有光滑的觸感，而且通常是黑色的，它的外形看起來很修長，擁有傳統運動服裝的特色，例如拉鍊及魔鬼粘。雖然這類服裝可以在廉

價服裝店裡找到，但我們認為它在成衣市場還是具有商機，只要我們用的是高價位、高品質、高級的質料，它還是可以和廉價市場的產品有所區隔。同時，我們觀察到，那些具有時尚感的年輕人（也就是夾克 A 的靈感來源）開始穿起舊式的英國服裝——綠色襯裡上衣、光臘夾克、粗花呢長褲及裙子。這些元素搭配起來有點衝突，但卻與「城市運動風」的簡約主義相呼應。因此我們在設計新系列服裝時，便採取「樸實」的主軸，但保留了衝突的味道。我們在服裝的材質及搭配技巧上做變化，讓這個系列服裝看起來不會像是那種舊式的英國服裝。因此，我們將粗花呢夾克與尼龍長褲搭配在一起、將打褶的粗花呢短裙與套頭毛線上衣搭配在一起。

夾克 B 的靈感就是來自上述的舊式英國光臘夾克，不過由於這種夾克早已出現，而且已經流行了好一陣子，因此許多人的衣櫥裡可能都有這樣的夾克。有鑑於此，我們決定要做一點突破，我們使用帆布，而不是棉質材料，作為服裝材質，在最後階段加工處理成光臘的效果，此外，我們讓帆布變得比較柔軟，並且去除帆布的味道。我們盡量保留原始服裝的特色，但在外形及比例上稍做變化。我真不敢相信，我們當時怎麼會認為夾克 B 有商機？這個服裝系列上市後，市場反應一致認為，這些服裝的樣式太傳統了。事後證明，用傳統的英式風格，去處理剛流行過的光亮黑色尼龍材質，這樣的衝突作法並不討好。這種刻意強調衝突的手法，只會更加突顯服裝的缺點。

以上的故事，其實是商品在開發過程中，設計師與不同機構之間的對話，這些機構分別代表不同的市場：供應商、技術開發、經銷商以及消費者。這也表示，意義是流動的，如果一件服裝可以在設計師、消費者，及介於兩者的許多不同機構之間（包括媒體）取得意義的共識，才有可能成為時尚。這似乎可以印證奎格關於新舊時尚之間關係的理論，不過她用「妥協」這個字來描述新時尚與舊時尚之間的關係，表示她並沒有看出，要在新舊時尚之間取得平衡，其實必須面臨創意的挑戰。以上的故事也可以回答戴維斯的問題：「設計師可以帶給女人一種希望嗎？這種希望是，跟隨潮流

時尚總讓我們有種夢幻的感覺，彷如看到電影明星或神話一樣。

穿著某種新服裝，以緩解精神上的緊張。」事實上，撇開用詞不管（時裝、女裝、平價服裝……等），所有設計師的故事都與奎格或戴維斯的理論沒有衝突，只是突顯出他們所謂的時尚，其實是很粗糙的概念、沒有抓到重點、而且僵化。相對的，實務經驗得來的證據，似乎比較接近時尚的本質，而且較具參考價值。這方面的資料可以給時尚作家一些啟示，讓他們得以證明戴維斯所說的：「我們幾乎可以確定，服裝與消費大眾之間，存在著一種非語言的交流，雖然這種交流是很難證明的。最困難的工作是，要去找出這種交流的內容是什麼。」

結論

時尚已經變成一種適合做學術研究的主題，但往往是從社會學相關領域的角度切入研究，或只研究不切實際的思想或藝術課題。時尚實務界的聲音，卻從未在學術領域占有一席之地，因此，關於時尚，其實還有一大塊資訊是沒被看見的。不像其他牽涉到藝術與設計的領域（例如建築學），在時尚界，理論與實務是沒有交集的。一般所謂的時尚學，其實是許多對時尚議題感興趣的不同領域的交集。時尚學最終還是必須建立自己的定位；到目前為止，所謂的時尚學，通常指的還是那些探討時尚課題的相關研究。

我從事服裝設計的工作已經接近十五年，並且有十年的時間在教育下一代的服裝設計師。我告訴很多人，時尚是一個豐富、複雜、夢幻的世界，但同時，我也因為時尚低落的社會地位而感到困擾，這是因為時尚沒有自己的學術地位及評論體系。當我在「時尚的未來」研討會上發表演說時（我演說的內容基本上就是本章的內容），當被問及我的職業，我不得不坦承我的尷尬處境。如果說我是一位時裝設計師，別人可能不相信，那倒不如說我是個電影明星算了。時尚總讓我們有種夢幻的感覺，彷如看到電影明星或神話一樣。但如果時尚可以獲得完整而深入的研究與了解，那麼將來我就可以驕傲的說：「我是一位時裝設計師」，就像聽見別人說：「我是一位建築師」

一樣。因此，我有非常實際的理由，希望看見我所處行業的地位有所提升。更重要的是，我深深體會，時尚一定要被好好的研究，因為它就在我們身邊。而這也是我寫這篇文章的目的。

我在 1994 年發表演說時，剛接任金斯頓大學的教授一職。當主辦單位介紹我的職業時，我不禁自問：「我是什麼科系的教授？」不過，經過這六年來，我已經比較能夠回答這個問題了。因為我看見，這六年來，在金斯頓大學上過時尚課程的學生，比起我當學生的時候，對時尚學有更多的了解；同時我也了解，在未來，時尚實務界人士能夠加入學術討論的行列，並且對於時尚理論的建立，可以有一番貢獻。

第 6 章

里奇·馬拉摩提

MaxMara 的時尚創意
Connecting
Creativity

　　創意是什麼？想法如何產生？什麼叫做有創意的人？這些問題可能偶爾閃過我們的腦海，但卻很少人知道，我們有多麼依賴「創意」這個人類智慧的結晶。環顧我們周遭的各項產品，大部分是工業化製造出來，而非手工製造，我們可以深刻感受這些產品的設計充滿創意，並且滿足現代社會求新求變的需求。身為年銷售額六億英鎊的 MaxMara 集團主席，我必須時常思考關於創意的問題。本章的目的就是在討論創意、創意是什麼、創意如何被組織起來，以製造出產業能力足以實現的卓越成果，特別是在時尚產業。

　　我第一次感受到創意的重要性，是透過迪士尼的一個卡通人物：阿基米德（Archimedes），每當他想出什麼好主意時，他的頭上就會出現一顆燈泡。這聽起來有點不理性，但我卻很喜歡這

MaxMara 時尚集團主席里奇·馬拉摩提博士。

The Fashion Business
時尚經濟

種突然出現的直覺想法，以及這種想法產生的魔力。創意是一種選擇，從許多可能帶來創新、改變或進步的思想及事物中，選擇出來的抽象概念。創意可以被簡單的定義為一種包含原創思想、組織、架構、及策畫的行為。但任何定義都無法完全描述創意的全貌，我們如果要表現創意那種與眾不同的本質，便要深入而完整的討論它，界定出它的重要特質與內涵。在時尚界，我們很清楚知道，時尚並不等於古怪。我們可以從過去與現在的許多例子中得到證明：喬治‧布魯梅爾（George Brummel，生於 1778年，英國上流社會的公子，曾領導著英國的男服潮流）是時尚的領導者，而李伯倫斯（Liberace，著名同志藝人）則是古怪的怪客；香奈兒是時尚界的女教主，而梅‧蕙斯（Mae West）則是讓人不舒服的詼諧丑角。

　　創意時常讓人聯想到「非理性」或「直覺」，但我認為，這是一種錯誤的想法。我相信，如果我們想利用創意，來幫助我們了解或改善社會或周遭環境，那麼創意就是一個有結構系統的一部分。這種說法好像是說，創意必須在一種有限制的條件下才會滋養茁壯，這種說法聽起來似乎不合理，但事實卻不然。也許是因為日常生活的經驗，讓許多人認為創意就是「沒有秩序」，抽象表現主義者就是這樣認為。但在十八世紀時，法國數學家、物理學家及哲學家巴斯卡（Blaise Pascal）卻主張，秩序是創意的重要元素。不過，以我個人在服裝設計部門的經驗，我很懷疑巴斯卡的說法。

　　我個人認為，現代人很少運用自己的創意，而認為創意是某些人的天賦。我們時常會說：「這個人真有創意！」當我們這樣

MaxMara 的 *COATS!* 雜誌 55 周年紀念封面。

説時，我們的意思是什麼呢？難道我們是以一個人的外表、行為、想法、行徑或工作表現，來評斷他是否有創意嗎？這些評斷方法只會讓我們認為，創意就是「與眾不同」。「常態」或「正常人」不會有創意，這就是大部分人的想法。

關於創意與天才的種種爭論，讓佛洛伊德（Freud）及榮格（Jung）開始進行這方面的心理分析研究。佛洛伊德認為，創意是藝術家的工具，藝術家可以藉此表現出他潛意識中的想法。在討論達文西（Leonardo da Vinci）及米開朗基羅（Michelangelo）時，佛洛伊德分析了聖安娜（st. Anne）及摩西（Moses）這兩幅作品，他將這兩位

MaxMara 品牌設計總監 Laura Lusuardi。

藝術家視為獨立的個體，去探討他們靈魂深處的本質及想法。相反的，榮格認為，有創意的人已經不再是獨立的單一個體，而是一位詮釋者，透過作品去詮釋群眾所共通關懷的主題（這些群眾是他在潛意識下所激發出來的團體）。榮格對創意的解釋，似乎比較接近時尚產業對創意的定義；因為在時尚產業，所謂的創意就是，去預測消費者潛意識底下的慾望。關於這點，我在稍後會加以討論。

義大利作家伊塔羅·卡爾維諾（Italo Calvino）準備在哈佛大學著名的諾頓講座（Charles Elliot Norton Poetry Lecture Series）中發表演說，為了準備這場演說，他寫下了標題為「給下一輪太平盛世的備忘錄」的有趣文章，在文中，他列出一位作家必需具備的基本文學特質，包括輕快、迅速、正確、能見度、多樣性以及一致性。很不幸地，他在尚未發表演說前就突然過世，不過他的文章卻可以幫助我們了解創意思考的幾個特點。例如，當他寫到想像力時，他將想像力定義為，曾經出現於腦海中的一連串可

能性或假設。作家最重要的工作,就是將這些可能性或假設加以組合,並從中選出最適合當時目的的途徑。

　　許多人將創意視為一種與眾不同的個人特質。我認為,這種說法並不正確,因為這種說法並未將情境因素考慮進去。以文藝復興時期的藝術家為例,如果我們沒考慮到他們那個時代的藝術贊助風氣(當時,贊助藝術家金錢的業主,往往要求他們的藝術作品必須表現出某種政治、社會、與宗教意義),我們就會認為他們的作品沒什麼創意,而認為他們不像藝術家。從這個角度來說,任何稍微偏離既定標準、或與標準外觀有些微差異的產品,事實上可能都是大量創意思考的結果。在時尚界,任何一件「商業化」的商品,可能與服裝秀上的奢華走秀服,一樣都是創意思考的結果。

創意與時尚

　　很多人都同意,時尚是一種語言,而且是一種非常模糊的語言;它的表達語彙時時改變或不斷演進,而且會因為穿的人不同、看的人不同,以及場合的不同而有不同的意義。我們或許可以說,服裝是一種動態的語言,可以容許無限多的解讀。有些人認為,時尚是一種由上而下的滴流過程,創新的想法會先從社會上層階級開始往下滲透到社會底層。另外有些人則認為,時尚是一種觀點,一種服裝風格出現後,另一種反風格的風潮就會跟著出現,並刺激新的時尚出現。事實上,我們很難證明創意會造成時尚或讓時尚有所改變。不過,我們可以發現,許多服飾商品的紡織原料,可能會因為科技的創新而獲得改良;而且時尚史上,似乎有一個不斷循環的周期,過去流行過的服飾,可能會在不同的時空再一次流行起來。

　　時尚作為一種語言,時常被用來做為溝通的工具。這種特殊的溝通方式包含兩種途徑:一種是公開的、另一種是隱匿的。所謂的「隱匿式解讀」(underlying reading),就是透過模糊或模稜兩可的訊息,讓觀看訊息的人自己去解讀與創造意義;鬆開的帶

MaxMara 在柏林舉行的大衣展覽會場一隅。金色大衣為 Lan Griffiths 設計的秋冬款式，白色大衣是 MaxMara 特別為奧運會設計，黃色大衣是 2004 秋冬款。

Sattlerstich

子所帶來的色情誘惑、馬靴帶來的健壯感,以及某些金屬飾品帶來的精神振奮效果,都是很好的例子。

　　如果我們同意時尚是一種語言,那麼我們就必須強調,它是一種非常複雜的語言,而且在某程度上,是口語文字的輔助工具,但不能替代口語文字。此外,如果我們同意時尚有不同風格的區別,那就是說,時尚的某些識別元素是可變化的。這些變化主要是視覺上的變化,而且通常是為了重拾某些已經過時的意義。在這個意義不斷改變的系統中,「符碼」(codes)及「價值觀」(values)是時尚的基本元素,就如同它們是文化的基本元素一樣。服裝設計師非常明白這個道理,而他們通常也是第一個嗅到社會中蠢蠢欲動的時尚氣氛的人。弗雷德‧戴維斯(Fred Davis)在他關於時尚的偉大著作中曾經描述到,這種時尚的不穩定性、模糊性與矛盾性,會讓創意在兩個極端之間來回游移,例如年輕與年老、男性與女性、工作與休閒、簡單與複雜、外露與隱藏、自由與限制、順從與反叛、煽情與純潔、謹慎與誇大等等。這個充滿變化

的時尚產業,其實是被框在許多相互對立的意義範圍中,而時尚也藉著在這些互相對立的意義之間游移,而讓消費者感受到一種矛盾的快感。我們可能對某一種形式的服裝感到厭煩,但有一天當這種服裝形式又重新出現時,我們可能又再次得到新鮮感,我們對時尚的著迷是永無止盡的。紐約大學哲學系教授詹姆斯‧卡西(James Carse)曾經在他的一本著作中,將人與人之間的關係區分成「有限」和「無限」的遊戲。這兩者有什麼差別呢?有限遊戲指的是,這個遊戲最後終會產生一位優勝者;而

MaxMara 經典大衣 101801 的手稿,由 Anne Marie Bertta 設計。

無限遊戲指的是，這個遊戲會一直玩下去，沒有結束的時候。後者是典型的小孩子遊戲，而這種遊戲也是卡西提出這個理論的靈感來源。毫無疑問地，時尚正是一種無限期的遊戲，因為沒有人會去開啟時尚，或是終結時尚。

　　雖然時尚的改變與整個大文化或社會的變遷息息相關，但時尚的改變也同時需要行動、有創意的人提出作品、以及與消費者的互動才能達成。總之，時尚並不會偶然湊巧的出現。

　　時尚產業將服裝與配件視為指涉社會地位的指標。歷史學家指出，這種現象早在十四世紀就已出現；如今，服裝指涉意義的功能被很小心的操弄，而且有愈來愈普遍的趨勢。在充滿對立意義的時尚世界中，創意的產生主要是受到文化因素的影響。當香奈兒夫人引導她的消費者穿得像女僕時，她其實是在操弄富裕與貧窮、高社會地位與低社會地位、勢利眼與非勢力眼等文化現象之間的辯證關係。而她之所以會對這些議題有興趣，以及為何這股潮流會獲得消費者的回響，都是因為她能夠憑直覺知道當時社會最關心的議題是什麼（以當時這個個案為例，就是 1930 年代的經濟動盪引發了一般人對財富及權利的不確定感）。

　　我們不能過度強調文化因素對創意的影響。一位成功設計師的設計風格是很廣泛的，他不但從歷史中獲得靈感，同時也超越歷史，關懷未來，思考理想的未來生活模式。不過，一位設計師不管多成功，也無法創造消費者對某項特定產品的欲望，他們只能創造商品，而這項商品正好可以滿足或激起消費者潛在或原始的慾望。我認為，這樣的成功模式通常是因為，商品為消費者創造了一種新的生活方式。大部分設計師以及像我們這樣的設計公司，一直努力在做的，就是去思考未來的理想生活型態。

　　時尚產業的創意來源有很多，包括服裝秀、電影、文學作品、民族特性、傳統文化，以及都會現象。時尚產業似乎可以把所有東西轉化成為服裝形式，而某種服裝形式能否成功，就取決於它能否與當時文化或社會關心的議題產生共鳴。許多人喜歡解構時尚，揭

露造成時尚的影響因素，但對我來說，我認為真正重要的，不是找出時尚的來源，而是去檢視，這些因素如何產生創新的構想、設計的過程、以及商品的行銷模式。

在先前的文章中，我將時尚比喻成語言與遊戲。時尚與語言和遊戲，有許多相似之處，不同的是，時尚缺乏規則性。在這個創新與改變至上的時尚產業，往往忽略實作的重要性，而這正是我在工作中認為最重要的部分。我們愈來愈難預測出成功的策略，因為不管從創意或從市場的角度來看，要考慮的因素實在太多，而且這些因素隨時都可能改變。但事實上，我們必須想出一種可以創造新潮流的策略，因為任何成功的新潮流都是有計畫思考的結果，而不是靈光乍現的結果，1960 年代的迷你裙風潮就是一例。我認為策略性思考對時尚產業是很重要的，因此我反對「時尚是為了改變而改變」的說法。奎格（Craik）就曾經說過，現在的時尚風潮將決定未來的時尚潮。身為時尚產業的一份子，我們深刻感受到，並非每件事都可能發生，而我們也從經驗中學到，任何新的想法必須與既有想法有所關聯，才有可能獲得成功。同時，我們也注意到，在時尚產業的演進史中，出現了幾個革命性的天才，例如香奈兒夫人，這些天才都讓時尚產業產生極大的改變與轉變，而這些轉變與改變都是一種創新的發展。因此，如果我們要成功，我們必須仔細觀察目前的時尚情勢，以創新嗅出下一波時尚的趨勢。

像我們這種創造時尚的服裝公司，是創新思考的最佳典範。在我們的工作中，我們必須不斷的重新思考、重新推出商品、重新創造，以及不斷的討論。我們的任何想法都不只是設計部門同意就可以，而是必須獲得整個公司的認同。為了獲得成功，不管在商品開發或行銷過程中，每一個環節都必須有獨創性，而且每個人都必須很有創意。我必須承認，只有當某件服裝被市場接受後，我才會認為它是時尚的。我很重視一個人的「想法」，但我相信，只有在經過一定的過程，並且成為一項「商品」時（不管這個市場有多小），這個想法才能被落實。原始想法只是一件商品達到成功的漫長旅程中的第一步。

在討論公司內部的創意思考過程之前，我必須先說，人類的公司組織，與自然界的有機體有很多相似之處。每一個部位都有自己的「基因密碼」，控制有機體的不同功能；但在這個有機體的生命過程中，它的特質可能因為外在環境的刺激而有不同的變化。每一家公司都有自己的文化，這個文化會隨著時間而不斷增強，並且會因為傳承給新進人員而不斷延續下去。然而，公司文化不一定都是好的，甚至可能因為過於根深柢固而阻礙公司更新的機會，而這種更新的過程，正是公司生存的重要因素。公司的文化就像一個龐大的資料庫，我們可以從中讀到這家公司的生命、經驗、技術、每個人對公司的所有貢獻，也可以從中看到公司的限制與障礙。

如果我們將產品視為公司文化的核心，其他相關企業活動，包括研發、生產、行銷及宣傳等，都是為了配合產品而進行，那麼我們可以想像一家公司的內部活動，如何透過相互配合，為產品創造出獨特的形象。對我來說，連結創意的意思就是，企業不同部門間積極互動的過程。設計師的創意必須連結到一個更大型的企畫案，任何一家公司都不能沒有企畫案。一個周詳的企畫案可以讓創意獲得更多發揮的空間，就像一向被認為是創意化身的藝術家與工藝家，他們的工作型態雖然很自由，但中心思想卻很明確。同時，我們必須了解一件事，呆板與僵化並不能產生創意，尤其像我們這種複雜的企業組織，我們必須不斷去調整與修正我們的企畫案，最好的例子就是我們選擇服裝材質的過程。我們在工作中，有時必須尋找有趣的服裝材質及色彩，並將它們

美國第一夫人賈桂琳‧甘迺迪穿著 MaxMara 外套，攝於 1962 年。

納入某個企畫案中，但這些材質及色彩當初並不在該企畫案原先的計畫中。在某服裝系列中加進新元素，可能會對服裝的供應、製造、工作型態以及品質控管等，有廣泛的影響。即使是最小的變數，都可能產生連鎖效應，而這些連鎖效應必須在整個企業流程中被處理掉。創意所衍生的潛在危險，可能讓企業又愛又恨；但完全杜絕創意，卻可能讓企業面臨衰敗與沒落的風險。

那麼，MaxMara 集團如何處理創意呢？我們的公司有一個悠久的家族歷史。五十幾年前，我的父親阿基里‧馬拉摩提（Achille Maramotti）創立了這家公司，而在更早之前，我的家族一方面從事服裝製造的事業，另一方面也兼作教育事業。我的曾祖父是上個世紀中期當地有名的服裝設計師，而我的曾祖母則是一位教授服裝設計的教師。由於個性中的實驗精神使然，我的曾祖母不但教授服裝設計、打版及縫紉的技巧，她也發明新的服裝製作方法，同時於 1930 年代創立了馬拉摩提學院，並鼓勵女孩進入這所學校讀書。

擁有這樣的家族歷史，無怪乎我們公司會如此熱愛實驗與創新的精神。不過，就像我先前所說的，創意並非無中生有或形單影隻，在過去許多年裡，我們已經建立了一連串檢視系統，將創意導引到最有效益的方向。我將在以下作詳細說明。

市場調查

雖然我深知市場資訊的重要性，但我還是要很得意的說，在我們的團隊裡，沒有專門的市場調查部門，而且我們也很少用到市調公司的資料。我們發現，最有效率的市調策略，就是透過公司內部實際工作的成員所傳來的資料（換句話說，就是設計、銷售及行銷部門）。我們調查的方法很簡單：就是觀察。那些在產品研發與行銷部門工作的人，對市場動態瞭若指掌，而且也因為深諳公司歷史與文化，而知道去哪裡找到最適合的資源，以及如何詮釋相關資訊。

　　時尚市場由於太過分歧，廣泛的市場預測資料往往與最後的實際結果有所落差。例如，在 1996 年，我們的外套銷售量成長了 15%，但這樣的結果卻與當年外界的市場預測完全衝突，當時一般的市場調查資料都顯示，當年度的外套銷售量將呈現負成長。那些廣泛的消費行為、社會行為，以及生活型態的趨勢調查，充其量只能當作參考資料而已。

　　公司應該要運用創意，去開發市場真正需要的商品，這才是最重要的事情。因為我們了解自己的能力、潛力以及市場定位，因此我們必須隨時掌握新的市場契機。我要再一次強調，MaxMara 集團相信，最靈敏也最準確的預測，來自公司內部的工作人員。任何公司以外的人或機構，不管口碑有多好，都無法精確分析出，你的夾克商品 X，搭配 Y 服裝，在 Z 定價下，可以銷售一萬件；但只要有健康的公司文化，我們就可以預見，我們的企畫案將會往正確的方向推進。

資料處理

　　這類工作比較不需要那麼多直覺，而比較需要精確的知識。我們每天必須很精確的知道市場對我們產品的反應，包括服裝風格、尺寸及色彩。我們能夠做如此精確的分析，主要必須感謝我們許多年前獨立開發出來的資料處理系統，這套系統的主要就是為解決我們自己的需求。此外，門市經理與顧客的訪談資料，可補充資料處理系統的不足之處，讓我們知道某一個系列服裝成功或失敗的原因是什麼。

　　由於深知時尚產業不斷改變的特質，因此我們不會因為市場對某項產品的反應，而受到太大的影響。因為市場不斷改變，因此產品也會不斷汰舊換新。我發現，設計師有時特別不能接受資料處理系統得出的資料，他們因為不知市場反應是否符合預期而感到緊張不安。但是，長期追蹤顧客品味的變化、並了解影響顧客選擇的因素，能幫助我們準確預測下一季服裝計設的方向，並制定未來的營運策略。

科技與技術革新

　　我深知服裝公司在推出新款服裝時，服裝材質在其中扮演的角色。在 MaxMara 集團，服裝材質的開發是很重要的工作。創新的材質能立即提升服裝的舒適度、實用性、多變性、輕盈感、穩重感、與新技術接軌，或因此產生不同風格的服裝，例如最近時尚的「都會運動風」，就是利用高品質的服裝材質創造出奢華的風格。創新的精神不只局限在服裝材質的開發上，也可運用在整個服裝的開發過程中，甚至是服裝的行銷上。我們應該將創新精神視為研發產品過程中不可或缺的一環。它可說是產品成功與否的最主要因素。

設計

　　市場研究、零售、資訊、服裝材質與技術開發、社會期待、混淆與矛盾的情緒、對未來生活的投射等，所有我在本篇文章中提到的概念，都會先被轉化成構圖，然後才會變成具體的形式。這就是我們的主要工作，這對我有種既神奇又神祕的吸引力。不管是構圖、打版、照相凸版、決定服裝風格、設計配件等，每一個步驟都很重要，都需要全力的投入。在從平面草圖到立體服裝的轉變過程中，我們可以真正感受到這份工作的藝術價值。在那些專業打版師與技術人員的巧手下，設計師的作品才能被完整而精妙的具體呈現出來。設計師必須掌握每一個細節，並對那些技術人員心懷感激，因為他們讓設計師的構想得以落實成為真正的服裝。

成本分析

　　如果將一件夾克的縫線設計在背後可以省下 20% 的成本，要不要做？類似這樣的問題，反映出我們在原始構想與現實之間的掙扎。成本分析對設計師來說是一個挑戰，因為他們必須在成本的考量下發揮創意，讓成本考量成為刺激創意的元素，而不是障礙。

生產機會

　　雖然我們的大部分服飾是在義大利製造，但我們很清楚知道，未來，在世界其他地方，會有愈來愈多生產高品質服飾的機會。上述提到的研發過程，也同時包括蒐尋新興製造技術以刺激新產品的產生。不過，我們在這個過程中也必須很謹慎小心，以避免可能的瓶頸以及其他具殺傷力的生產問題。一旦我們決定進行新的生產計畫，我們就必須檢視我們訓練新人的意願及能力，以及隨之而來的投資成本。

行銷

　　創造銷售量與創造服裝的創意不同。在 MaxMara 公司，所有產品都必須從「零售」的角度來考量。MaxMara 在全球有超過六百家門市，我們會將這些門市的銷售成績視為整體企畫案的一部分。一件商品在視覺上的促銷與展示策略、以及它所產生的聯想與傳遞出來的訊息，都是設計活動很重要的一部分。

廣告

　　創意在這個部分是很重要的，而且它必須要考慮到整體的一致性，因為我們的目標是，我們的產品必須立即被注意到，而且能夠在消費者心中產生一種獨特的地位。依照我的經驗，最成功的廣告活動，是設計師、攝影師以及其他工作人員能夠密切合作，賦予該項商品一個故事與的生命。

　　我認為，比起其他產業，廣告在時尚產業更是不可或缺的。由於產業的需要，我們要求廣告必須新穎有創意，並且要能表現虛幻、想像、情感的感覺，同時我們也希望廣告能夠有代表性與教育性。有人會問：「有廣告的服裝會賣得比較好嗎？」我的答案很簡單：「是！但前提是，這些服裝必須是有創意並且特別的。」

宣傳

　　在時尚領域中，所謂宣傳就是透過媒體的文字活動。我前陣子曾和幾位美國記者談論到時尚刊物應該呈現什麼內容，他們的看法和我們相左，這點並不令人意外。我們主要的爭論焦點是一些到目前為止一直沒有答案的兩難抉擇：要呈現給讀者的是虛幻或現實；要報導時尚尖端的趨勢，還是給讀者一些實用的資訊與建議。不過我們都同意，一件商品的宣傳文件，必須要能夠清楚說明該件商品成功的商機是什麼。這就是為什麼像我們這樣的公司必須和媒體積極溝通的原因。

　　當以上所說的每個環節都能夠運作流暢時，公司的作業流程會形成一個循環，而創意就會在這個循環無所阻礙的發揮出來。卡通人物阿基米德的燈泡一直讓我感到著迷，對我來說，能夠在這樣一個充滿創意的領域工作，真是一種樂趣。一旦創意獲得成功，就會變成具體的成果。我們公司之所以能夠成功，是因為創意已經深植於公司文化的核心，而且我們確信，這樣的創意工作會持續下去，而我們也會得到更大的滿足。這將是一場沒有終點的遊戲。

第 7 章

布萊恩・蓋伯特

連鎖店的挑戰
The Chain
Store
Challenge

本章將採自傳形式，它不但記錄我的生平，也是 1960 年代以後的英國時尚史。我有幸進入那個年代的藝術學院文化的核心，當時的藝術學院文化帶動了社會大眾對服裝設計師的注意，並創造出流行大眾的市場。拜這波潮流之賜，我成為瑪莎百貨（Marks & Spencer）設計部門處長，並在 *The Face* 雜誌的「時尚界前一百大設計師」中排名第八，也在 *Elle* 雜誌的評選中排名第十五。本章的目的在說明當代設計師與服裝店的發展、挑戰與機會，探討消費者消費態度的改變、消費年齡層的重新界定、消費方式與消費地點的改變，以及以生活型態為主導的消費時代來臨等等議題。不過，在探討這些未來即將發生的議題之前，我必須先回顧過去的歷史。

談到我的生涯，不能不提到華薩史都藝術學院（Walthamstow School of Art）。我從小就對藝術很有天分，我的父親不斷鼓勵我，希望我將來能攻讀製圖學，以接掌家族的印刷產業。1961 年，他帶我到鎮上的藝術學院去面試。當時，藝術學院院長看過我的作品後，立即建議我進入該學院的時尚科系就讀。這個結果讓我父親大失所望，

但我卻很高興，因為這是我一直想做卻不敢向父親提起的事情。我必須強調，我當時其實是踏入了一個未知的旅程，因為在當時並沒有任何一位藝術學院畢業的知名設計師可以作為我的典範。在藝術學院的那段時間，我感到很愉快，部分原因是因為我覺得自己是個先驅者。後來的結果顯示，藝術學院院長給了我一個很好的建議，製圖學系固然很好，但時尚學系則更勝一籌。當時的院長是時尚界頗具影響力的傳奇人物達芬‧布魯克（Daphne Brooker）。我攻讀的是國家設計學位（National Design Diploma），主修時尚學。我們的繪畫老師是彼德‧布雷克（Peter Blake），而寬廷‧克力斯普（Quetin Crisp）則是我們的人體模特兒。克力斯普在當時很有名，因為他能夠維持同一個姿勢達數個小時之久，中間都不需休息。在我進入華薩史都藝術學院一年後，達芬‧布魯克離開這所學院，到金斯頓藝術學院（Kingston School of Art）擔任時尚學院的院長，而我則到皇家藝術學院（Royal College of Art）繼續我的學業。

我於 1963 年至 1965 年在皇家藝術學院就讀，這兩年我非常認真。華薩史都藝術學院教導我如何畫圖，並激發我的創意，而皇家藝術學院則讓我更具有競爭力，讓我能夠同時掌握社會高層與低層的時尚趨勢。在珍妮‧艾倫瑟（Janey Ironside）的帶領下，皇家藝術學院時尚學系對學生的要求極端嚴格，也正因為如此，我們在學院中完成的企畫案總是具有高度競爭力，而我們做出的作品也屢屢吸引媒體報導的目光。我在泳衣的設計方面表現特別好，我所設計的泳裝更獲得了許多雜誌大篇幅的報導。我在皇家藝術學院第二年所設計出來的 1940 年代風格外套，更登上了《標準晚報》（*Evening Standard*）的頭版特寫。在我就讀皇家藝術學院的第一年時，著名的時尚雜誌編輯安妮絲汀‧卡特（Ernestine Carter）便將我的服裝設計作品登在《星期泰晤士報》（*Sunday Times*）上，當時我的作品令高年級的學生震驚不已。不過，我也不是一直這麼成功。我還記得，我曾經為了一個服裝競賽而連續好幾周努力做出某件服裝，但就在截止日前的一個晚上，我的同學歐希‧克拉克（Ossie Clarke）走進來，半小時內就做出一件洋裝，這件洋裝非常優美，彷彿是上帝之手做出來的一樣。

　　我在皇家藝術學院這段時間，只要放假就會去瑪莎的設計部門工作，當時漢斯·史奈德（Hans Schneider）是該部門的部長。就在我即將結束我二年級學業的時候，史奈德希望我成為正式員工，但我並沒有接受。就像我的許多同學一樣，我堅信一位設計師必須在三十歲以前成名，錯過這個時間點，往後就不可能成功了。當時，我覺得自己已經準備好要高飛，去外面的世界冒險。因此，在拿到一筆獎學金後，我買了一張效期三個月的紐約來回機票，準備到紐約去冒險。

　　當時，我一天的生活費還不到十元美金，因此我必須儘快找到工作。我買了一份《女裝日報》，去應徵一家叫做裘維服裝公司（Jovi）的設計師。我得到了這份工作。雖然這是一家小公司，卻讓我因此得到成名的機會。我為裘維公司設計了一系列的服裝，並且掛上我的名字：布萊恩·蓋伯德。這家公司主攻青少年運動服裝市場，主攻這個新興市場的最大樂趣就是，每六周就必須設計出全新的服裝系列，以供應客戶需要（例如紐約知名的梅西 Macy's 百貨）。在這段時間，我不設計單件式的高級洋裝，相反的，我設計可大量生產的成衣。每當我看到我設計的服裝，依照不同顏色一排排放在貨架上，即將被派送到不同的服裝店與百貨公司時，我就感到非常滿足。想到許多人即將穿上我精心設計的服裝，就覺得很興奮。這種感覺對我來說是很新鮮的。在短短幾個月內，我的服裝獲得極大的回響，銷售量大增，並且每天都登上《女裝日報》的版面。在裘維公司的成功經驗，讓我深刻體認大眾服裝市場的龐大潛力，並可預見時尚產業即將出現的新興革命。

　　有了裘維的成功經驗，我認為我所受的教育已經足夠，因此我決定不再繼續皇家藝術學院的學業。不過，我還是回到倫敦並於 1967 年成為瓦里斯（Wallis）設計部門的部長。傑佛瑞·瓦里斯（Jeffery Wallis）是 1960 年代末期知名的暢銷服裝企業家，我很榮幸能夠跟他一起工作。瓦里斯公司最有名的地方，就是它主打巴黎平價女裝系列。我在瓦里斯的期間，有機會到巴黎選購 1969 年秋冬外套系列，對我來說，那次經驗真可説是一

英國最知名的哈洛斯百貨。

次見識廣博的設計實習課程。我們以顧客身分參加許多場服裝秀，回到倫敦後，我們將採購回來的外套加以改良、修飾線條，讓這些外套的剪裁與定價更符合當地市場需求。我們必須在三到四星期之內完成這些工作，好讓這些外套儘快上市，以博取媒體版面。1969 年的外套系列大多是短外套，大部分的服裝設計公司都順應這個潮流推出短外套。不過，我在瓦里斯的外套系列中，加進幾件長外套。傑弗瑞‧瓦里斯在這裡展現了他獨到的企業眼光，他決定停止所有短外套的製作，轉而生產長外套。那年，瓦里斯公司獲得空前的成功，我們將所有布料都拿來做長外套，結果全數銷售一空。是什麼原因讓我決定逆勢操作？我怎麼知道那年長外套比短外套吃香？答案是，對未來趨勢的預測是一種直覺，一位設計師的成功或失敗，取決於他對外套長度的直覺是否準確。

1969 年，我離開瓦里斯服裝公司，進入一家在英國從事製造的美國服裝公司。不過，在這段時間，我的直覺並沒有發揮作用，這家公司一年內就倒閉了。之後，我曾和達芬‧布魯克一起在金斯頓藝術學院從事教職數個月，不久後，我進入了柯雅納（Cojana），那是一家主攻高級量身訂製服市場的服裝製造公司，它最大的客戶是哈洛斯百貨（Harrods）。我在那家公司待了四年，直到我聽說蒙地‧布萊克（Monty Black）買下了搖搖欲墜的雙面外套製造公司維特羅（Weatherall）。布萊克是一個成功的企業家，他曾在三年內從無到有創立了巴卡瑞（Baccarat）。我一聽到這個消息，腦海中馬上閃過一個念頭，我要為這家過去只生產藍棕色雙面外套的老公司改頭換面。因此我寫了一封信給蒙地‧布萊克，告訴他我的看法，他果然給了我這個工作。進入這家公司後，我將原本外套的布料及樣式更新，推出新款的經典外套：駝色與白色的雙面外套，這種外套在二十年後仍然不退流行。

柯雅納和巴卡瑞都曾創造出優秀的產品，但卻相繼結束營業。我認為這是因為他們並不了解服裝設計的重要性。我一直認為這是英國人的毛病，而這也是我們一直無法發展出像義大利一樣國際知名品牌的最主要原因。

　　1976 年我再度回到瑪莎百貨，不過，我這次是擔任設計部門的部長，因為漢斯‧史奈德已經退休了。在當時，瑪莎百貨並不以服裝設計見長，我的許多朋友都很驚訝，我竟然會進入一家大型連鎖店工作。不過我多年的職場經驗告訴我，未來將是大眾市場的天下，因此我相信，瑪莎百貨的潛力驚人，只是尚未被發掘出來。在我人生生涯的這個時候，我見證到，英國在 1960 年代其間發展出來的創意與創新精神，已經透過英國最大的百貨連鎖店，直接影響到了英國的文化。1960 年代不但出現了藝術學院文化（這種文化大幅轉變了一般人對服裝設計的態度），而且創造出一批高所得世代，他們的高所得足以維持一個前所未見的商品市場。

　　如果你認為在我加入瑪莎百貨時，它已經準備好要進攻新市場，那你就錯了。我接下的這個部門包含了大約一百位的打版師、裁縫師以及設計師，但整個部門的創意及能力並不強。因此，我決定提升裁縫師的能力，先將他們提升到打版師，然後成為設計師。我的首要目標就是部門改革，以提升整個部門的設計能力。在這方面，我很幸運地得到董事會的支持，董事會並且要求我們的供應商改進他們的設計工具，以改善他們的產品，達到我們對品質的要求。如果是這樣，那我們整個設計團隊的工作模式也會改變，我們在設計服裝的細節時，比較不需要考慮供應商的立場，而是去考慮時尚趨勢、色彩以及產品的搭配等問題。提昇團隊的設計能力就是培養一群有才幹的精良設計師團隊，因此我們在 1980 年，開始與皇家藝術學院進行長期合作設計女裝，同時我們也和金斯頓藝術學院、布萊頓大學（Brighton University）以及以色列的桑卡學院（Shenkar College）合作進行企畫案。

　　1985 年，彼得‧沙立斯伯利（Peter Salisbury，後來成為公司的執行長）認為公司應該將重點放在研發上，因此他將打版技術從設計部門分出來，轉到技術部門去。同年，由於我的工作內容增加了男裝的設計，因此我聘請了知名設計師保羅‧史密斯（Paul Smith）當公司的顧問。此時，設計部門的每個服裝系列（包括女裝、童裝、男

裝、女用內衣）都有一群陣容不大、但技術優良的設計師團隊，他們在時尚產業及時尚趨勢的預測上，都擁有豐富的經歷。自從 1986 年以來，我們建立起一套作業機制，每條服裝系列的設計師在設計每一季的服裝時，會訂下當季的服裝規格，公司的採購部門再將這些規格告知供應商，作為供應商的工作依據，包括染色、印刷、打版、剪裁等等環節都必須符合當季規格。採購部門考慮的是產品的類別，例如「女性毛衣」或「男性褲裝」，而不是以「生活型態」來做分類，例如「休閒服」或「正式服裝」等等。由於一支採購團隊一年的交易額可能超過一億英鎊，因此設計部門的角色就顯得更加重要。

整個 1980 年代及 1990 年代的大部分時候，瑪莎百貨及其設計團隊一直享受著成功的果實。我們在 1990 年併購了一家用品公司、1995 年併購包裝與製圖公司、並在 1987 年發行瑪莎雜誌，同時，我們也是第一家採用超級模特兒來宣傳活動的連鎖百貨。此外，我們成為「英國時尚獎」提名名單上的常客，並於 1994 年及 1995 年兩度贏得「經典獎」的獎項。1996 年四月號的 *Vogue* 雜誌大幅報導大眾時尚趨勢的出現，並在接下來幾個月的封面刊登我們價格僅二十一英鎊的山東綢襯衫（該封面的攝影師是馬里歐‧塔斯提諾 Mario Testino、造型師是盧辛達‧錢伯斯 Lucinda Chambers），顯示大眾市場的時代已經來臨。到了 1994 年，我們在全球已有 610 家門市，我們的營業額達到五十九億英鎊。身為設計部門處長，我的身價已高達三十五億英鎊。

在1999 年的不景氣時，瑪莎百貨開始進行大規模的變革，不只是表面上的改革，而是從最根本的工作態度及工作方法進行變革。在接下來的部分，我要針對今日及未來幾年，大型百貨所面臨的挑戰與機會，提出我的看法。

年齡層的分布

1960 年代出現「文化逆轉」的現象，人們對事物的價值觀，不再是從長輩傳遞

下來，而是從年輕一輩向上傳遞給上一輩。許多人會認為，年輕就是跟得上流行，年紀大就跟不上流行。但事實上，我們這一代似乎還沒到達跟不上流行的年限。戰後的嬰兒潮現在開始漸漸變老，他們的喜好轉變讓商人摸不著頭緒。他們的父母經歷過戰爭與戰後的蕭條，但他們沒有這段經歷，他們根本沒過過苦日子。他們是第一批享受高收入生活的一代，所有的市場商品都是為了討好他們，希望博得他們的青睞。這批目前五十到七十歲的族群（他們通常被稱為「第三年齡層」）就是要過這樣的生活，而且他們也有足夠的經濟能力這樣做。我也是這個族群的一份子，這個族群不用害怕跟不上流行，也不必裝年輕，他們就是要維持自己的風格，許多知名人士都是這個族群的一份子，包括卡文・克萊、保羅・馬卡尼（Paul McCartney）、凱薩琳・丹妮芙（Catherine Deneuve）、以及米克・傑格（Mick Jagger）等，他們的年齡都是五十幾歲接近六十歲。這種現象對服裝市場有什麼影響呢？我認為，第三年齡層會引領現代風潮，但會避免滑稽或過度的裝扮。他們對服裝的要求首重舒適、實用、方便，以符合他們悠閒的生活型態。換句話說，他們會讓時尚潮流從「時髦」或自以為是的「時尚」，轉向更耐久、耐看的「服裝品味」，以及更有獨創性、高品質的設計服裝。

購物方式的改變

我們從未停止消費，但我們不喜歡在公開場合消費。可能是因為不想給人浪費的感覺，或考慮到便利，總之，在家購物已經逐漸成為服裝銷售的主流。這種現象最早出現在 1980 年代的美國。時尚產業分析師認為，這種現象主要是因為：郵遞區號及免付費電話的出現、信用卡的使用愈來愈普及，以及網路技術的發展逐漸成熟，因此郵購事業如雨後春筍般迅速出現。過去十年，郵購事業的成長速度是門市成長速度的三倍，根據直銷協會的統計資料，光是 1993 年一年，在美國，就有超過一萬家郵購公司共發行了一百三十五億份的郵購目錄，並且有 55% 的成年人透過郵購方式購買了價值

Louis Vuitton

共五百一十五億的商品。

　　此外，如同馬修‧狄‧邦（Matthew De Bord）所說的，「郵購過去給人的感覺是寒酸又過時，但現在郵購給人的印象是可以信賴的時髦。過去，郵購代表廉價，現在對消費者來說，它足以與昂貴的設計師作品媲美。」郵購革命所帶來的真正衝擊是，時尚概念的廣布傳散。郵購商品通常是經過改良的運動休閒服，這些服裝看起來很具親和力，可以輕易取代消費者衣櫥中的舊衣服：「鄉村夾克」看起來變得過時、斜紋襯衫的顏色看起來就像幾十年前的舊衣服。郵購目錄中的服裝，看起來和我們現在穿的衣服沒什麼兩樣，但卻多了一點不同的味道，它的一些細微變化與改良，就會讓衣櫥中已有的服裝相形失色，例如體育服有了前所未有的色彩、平底涼鞋的材質是格紋

棉布、牛仔外套多了格紋襯裡等等。這些商品之所以吸引人，並不是因為什麼驚天動地的時尚，而是因為它們在一些小地方有所創新，以及有清楚的訊息傳遞。傑‧克魯（J. Crew）以及萊辛‧格林（Racing Green）等人刺激了消費者藉由圖像來購物，圖片中那些充滿自信與悠閒風情的模特兒，看起來就是人們想要達到的目標或希望認識的人物；而圖片中那些優美的景色與場所、精心搭配的服飾，以及絕美的攝影技巧，都讓目錄商品看起來更有價值。郵購目錄借用時尚雜誌慣用的手法來呈現郵購商品，我認為，郵購目錄甚至可能擊垮時尚雜誌的市場。時尚雜誌的內容必須滿足不同的廣告商以及各式各樣的讀者，並傳達設計師的設計概念，因此時尚雜誌總是不斷鼓吹人們改變。相對的，郵購目錄卻是悄悄滲透進入同質的家庭中，傳遞直接、清楚且接受度極高的觀點，與它的讀者有最直接的溝通。

　　另一種在家購物的消費管道，就是電視購物。電視購物同樣源起於美國，只要你有電話及信用卡，不管白天或晚上，你就能從電視中買到所有東西，從衣服到廚房用品、從客廳沙發到臥室的床組等等。在 1993 年的經濟衰退時期，有四千四百萬的美國人瘋狂撥打 QVC（Quality, Value, Conventience）電視購物頻道及 QVC 時尚頻道的電話，為該頻道創下十一億美元的營業額。而 QVC 的競爭對手，家庭購物網（Home Shopping Network），也有超過十億美元的銷售佳績。QVC 電視購物頻道將購物與娛樂結合在一起，讓觀眾有機會和節目主持人與來賓直接對話，並且可以參與電視中的遊戲和贏得獎品。

　　QVC 購物頻道中的商品大部分都比較廉價與俗氣。而另一個新的購物頻道 Q.1，則標榜它「結

服裝型錄上充滿自信或閒適的模特兒，讓商品更加物超所值。
（Giorgio Armani EA 男裝 FW08）

合了精品店與時尚雜誌的風格」。這個購物頻道的主要訴求對象,是那些無法在既有購物頻道獲得需求滿足的消費者。從它們宣傳單所描述的內容看來,這個購物頻道彷彿是要解救都會生活的不便與焦慮。宣傳單是這樣寫的:

不上健身房、不買也不煮健康食品、不種花,你也能過得很棒!你可以享受超值的三天假期、頂級的咖啡和茶、效果令你意想不到的卡片與文具、幫女友買東西、讓你孫子愛不釋手的禮物、入門露營用具、世界各地的宅配服務、來自義大利鄉村的家具用品、做一間單身漢專用廚房、在一周內整修好你的公寓、五十種對付髒衣服的方法、讓人眼睛一亮的毛衣、討厭逛街的男人可以穿的襯衫,以及適合在海灘度假時看的八卦雜誌。

在電視購物蔚為風潮後,電子商務也跟著興起。電子商務也是發源於美國,最早是在 1994 年時,蘋果電腦和幾家郵購公司合作,將郵購商品目錄燒在光碟片中,寄送給顧客,當時總共寄出了三萬份電子版本的郵購目錄。透過網際網路,消費者可以在電腦螢幕上瀏覽像蒂芬妮(Tiffany & Co.)等名店的商品,或者讓電腦搜尋特定的關鍵字,例如「男裝」或「餐桌擺設」等,甚至可以隨自己喜好改變服裝顏色或做不同搭配。此外,消費者也可以利用這種方式找到相關的報導,例如透過 Elle Décor 雜誌得到時尚方面的資訊,或透過《華爾街日報》得到財經方面的資料。

到了 1999 年,光是在英國,就有價值數百萬英鎊的商品透過網路成交,此時家庭購物已經成為商業交易及服裝產業的重要一環。在瑪莎百貨,我們深刻體認到這個趨勢,因此我們在 1998 年開始發行服飾郵購目錄,並在 1999 年推出線上購物服務。我們一開始先推出兩百件商品,希望兩年內能將商品數量增加到三千件,其中服飾商品占三分之一。這樣的營業規模已經等於一間五千六百平方公尺的百貨公司,相較之下,這些商品必須分散在瑪莎百貨最大的十家門市中。

我不是說家庭購物會完全取代實體商店,不過這的確是我們目前面臨的最大挑

戰。

逛街環境

在這裡，我要再把我的故事拉回到美國。在 1980 年代及 1990 年代初期，家庭購物風潮對美國百貨產業產生相當程度的衝擊。但如果說家庭購物會消滅百貨公司，這樣的說法也太過天真。在百貨公司，顧客可以享受逛街的樂趣、親身體驗百貨公司的設施與環境、有實際的人際互動、可以觸摸到商品，這是都會生活很重要的樂趣之一，而這些樂趣都是家庭購物所無法取代的。我相信，百貨公司不會消失，但那些存留下來的百貨公司，會是那些將逛街轉化成愉快、興奮及難忘經驗的百貨公司，換句話說，就是那些勇於追求不同、不隨主流起舞的百貨公司。在美國，巴尼百貨（Barney's）就是典型的代表，巴尼聘請日本籍財務管理師，推出了一個新的概念。巴尼百貨公司不像其他百貨公司一樣，採量販購物的模式，它大膽的買進某些特定設計師的服裝系列，這種作法讓這間百貨公司的商品，因為擁有設計師品牌而變得與眾不同。在英國，哈維·尼可拉斯（Harvey Nichols）及後來的雪弗瑞（Selfridges）兩間百貨公司也是走這樣的路線。哈維·尼可拉斯引進一系列精緻的設計師作品，包括服裝、家飾品、設計感十足的精緻餐飲店、知名的設計師品牌服裝、食品以及餐廳等等，這些作法讓哈維·尼可拉斯百貨成功轉型成為時尚感十足的生活空間。另一方面，雪弗瑞原來是一家保守的百貨公司，在平淡無奇的賣場中，展售平凡無奇的商品，就像大部分的百貨公司一樣。不過，雪弗瑞後來成功轉型成為時尚的殿堂，所有最時尚的商品系列都可以在這個精緻的百貨環境中找到。周末到這裡來逛街，就是一種最時髦的社會活動，就像高登·雪弗瑞先生（Gordon Selfridge）當年創立這間百貨公司時的盛況一樣。

除了創新的百貨公司之外，最近還出現一些風格獨特的精品店主，也是讓顧客重拾逛街樂趣的重要因素。例如約瑟夫·伊特奎（Joseph Ettelgui），他在倫敦、巴黎及紐約的

假日到百貨公司享受逛街的樂趣、體驗百貨公司的服務與環境，這些都是郵購或網購所無法取代的。

精品店，都具有他個人獨特的風格，充分展現出想讓逛街活動轉變成為社會經驗的企圖心。另外還有特倫斯‧康倫（Terence Conran），他在倫敦及巴黎的精品店，強調店裡的飾品、服裝及食物，都必須具有時尚的品味。其他的服飾店主包括紐約的賽爾瑪‧維瑟（Selma Weisser）、香港的喬伊斯‧馬（Joyce Ma）、巴黎的克勞蒂（Colette），以及紐約的傑佛瑞（Jerrery）等人，都表現出一種獨特的銷售風格，我將他們稱為「風格式行銷」。他們有強烈的主觀見解，他們對商品的選購有相當程度的水準，包括服裝、食物、家飾，甚至店裡的裝潢都是如此。他們成功的祕訣在於，他們不想取悅所有的人。例如一家位在倫敦的精品店「蛋」（Egg），店主是莫瑞‧朵赫蒂（Maureen Doherty）及阿薩‧沙拉海

The Fashion Business
時尚經濟

（Asha Sarabhai），他們店裡的服裝及其他物品，完全展現出店主對藝術作品的高度鑑賞品味，這與當下的時尚趨勢是完全不同的。這家店位在一個僻靜的角落，內部裝潢非常簡單，與它的商品非常協調，在那裡逛街是一種很愉快的社會經驗。在它舉辦特別活動時，還可以在那裡看到藝文界的知名人物。

「蛋」和瑪莎百貨有很大的不同，但我相信這些小型精品店及創新的百貨公司，絕對有值得大型連鎖店借鏡的地方，因為它們都重新創造了逛街的樂趣，讓逛街成為一種社會活動。「視覺效果」的運用（這是燃起大眾對時尚商品慾望的第一步），已經或即將成為店面裝潢不可或缺的一環。像瑪莎百貨這樣的大型服裝連鎖店，不只要注重商品的設計感，也必須注重門市裝潢及其他相關商品的設計，這就是為什麼在過去幾年來，有那麼多百貨公司要提供咖啡吧、育嬰室、宅配服務及在家購物等服務的原因。

追求設計感的趨勢

我的職業生涯正好見證了過去三十年來大眾流行市場的興起。最近的不景氣反映出全球的時尚產業已經供給過剩，而且我相信這樣的現象會持續影響未來的時尚產業。這種現象在休閒服的市場尤其明顯。1980 年代末期，美國服裝連鎖店 GAP 建立了一個龐大的服裝王國，它的服裝風格著重輕鬆與實用，橫跨所有年齡層與社會階層。它們的廣告訴求是，所有年齡層、任何行業的人穿起來都很有型的黑白設計款式，每個人穿起來都很有休閒的味道。這個訴求相當成功，讓運動休閒服裝成功打進每個人的衣櫥裡，同時，牛仔服飾也漸漸成為一般人的必備服裝。多年來，瑪莎百貨一直不想涉足牛仔服裝市場，因為我們認為這是一個需要品牌的服飾類別。但當我們在 1990 年推出牛仔服裝後，我們發現牛仔服裝的市場竟然如此龐大，到了 1994 年，我們所推出的牛仔服裝（包括男裝、女裝及童裝），已經為我們帶來六千萬英鎊的年營業額。

我們在 1990 年代的市場調查結果顯示，我們的顧客，特別是那些深具影響力的戰

後嬰兒潮，一直過著比較悠閒的生活、每年享受比較多及比較長的假期，並且參加更多運動及健身活動。生活型態的改變就是消費模式的改變，我們發現，顧客漸漸不喜歡穿著整套的套裝，而是喜歡多種單品的搭配，不管是基本款的單品或熱門商品的搭配。我們體認到這個「單品消費」的趨勢，因此在設計上，針對部分重點單品做一點變化，例如讓白色純棉襯衫變長並做袖口翻邊，或者做沒有領口的設計以及讓它變得比較合身，或較具休閒感，或讓這些變化做不同的組合。黑色的 POLO 衫則讓它變得比較合身、縮小肩線，或讓它看起來比較光滑有層次感，或讓它變得比較柔軟增加觸感。我們發現，顧客喜歡用途廣的服裝，可以依照場合、與衣櫥裡原有的服裝做不同的搭配。這與我剛出道時的市場喜好完全不同，當時我只需要每六周推出全新的服裝就好。

到現在，單品市場仍然是主流，不過市場已經接近飽和，顧客的購買率已經開始下降。此外，顧客的型態也開始改變，由於時常接觸時尚訊息，現在的顧客變得愈來愈聰明與精明，也更有自信混搭不同的服飾用品，因此對品牌的忠誠度比較低。在這種情況下，我們不僅要藉由創新的技術來維持顧客需求，提高服裝的舒適度、功能性及實用性（例如鞋子上的可伸縮腳套、免燙襯衫等等），更要不斷推出具有新鮮感及讓人興奮的商品，以激發顧客衝動購買的欲望。例如，我們在 1999 年推出喀什米爾羊毛製品，我們發現，顧客很喜歡這種羊毛製品所帶來的奢華感，這就是「感性購買」的消費模式。

在這種趨勢下，可以預測顧客會開始喜歡具有設計感的基本款服裝。因此我們在 2000 年春季推出「親筆簽名系列」（Autograph），那是我們第一次直接與公司以外的個人設計師合作，例如貝蒂‧傑克森（Betty Jackson）、朱利安‧麥唐納（Julien McDonald）以及凱薩琳‧漢納特（Katherine Hamnett）等人，推出限量的幾款服裝，放在銷售量最好的幾家門市裡布置得最有風格的區域中展示販售。推出後的市場反應很

好，在推出後的第一周，這個服裝系列就創造了一百萬英鎊的銷售額。這讓我深刻體認，像我們這樣的大型服裝連鎖店必須要與市場規模小的設計師新秀合作，才能滿足市場需求。把時間拉回到 1994 年，當時我在金斯頓大學的系列演講中發表演說，我在當時就預告，顧客將會對量販商品及大量製造的機器製品感到厭倦，我們必須提供另類的選擇，以帶給顧客全新的感受。我那時就建議，我們應該開始與一些市場規模小但有潛力的設計師合作。「親筆簽名系列」就是一個例子。這個系列的產生要追溯到 1994 年，當時我們的供應商就已經開始與獨立的設計師合作，為瑪莎百貨生產一系列服裝，當時合作的新秀設計師是寇斯特（Ghost）。那時，寇斯特、供應商及我們公司之間的合作關係，不但提升了公司產品的設計感，也大幅提升寇斯特自己的服裝生意。寇斯特後來和保羅‧史密斯合作，成立英國第一個設計師品牌，而我也預見了其他設計師，包括胡辛‧卡拉揚（Hussein Chalayan）及克萊曼‧利伯羅（Clements

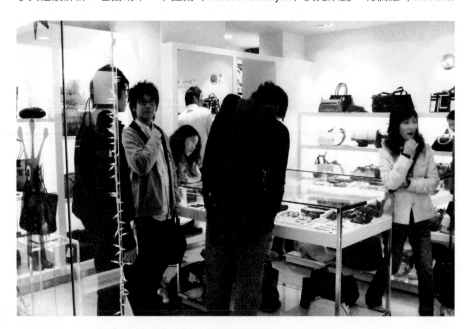

Ribeiro），也在大型服裝連鎖店的幫助下，獲得相同的成功。瑪莎百貨幫助獨立設計師的另一個例子是，從 1994 年迄今，我們一直贊助「新世代」（New Generation）的活動，這個活動是由「英國時尚學會」所發起，贊助傑出的設計師新秀在「英國時尚周」中發表他們的服裝作品。獲得「新世代」活動贊助的設計師包括：1993 年的胡辛‧卡拉揚、1994 年與 1995 年的的克萊曼‧利伯羅、1997 年與 1998 年的朱利安‧麥唐納、1998 年與 1999 年的馬修‧威廉森（Matthew Williamson），以及 1999 年與 2000 年的安東尼‧賽門（Anthony Simonds）。

　　事實上，這種新興的設計模式在產業不景氣前就已經開始。自從 1998 年以來，我們的目標就是加快這種改變的速度。機會一直都存在，但正如同我所說的，現在的消費者對時尚愈來愈有概念，也比以前更精明，因此我們必須更加機敏、隨時掌握市場動態，才能滿足新的顧客需求。有鑑於此，我們組成了一支人數不多的精良團隊，專門開發新的商品。這樣一來，由最接近產品的人來做決策，產品處理的速度會加快，讓我們可以在最短時間內推出最佳產品。瑪莎百貨的設計師還是扮演著「預測時尚」的角色，但同時也直接與供應商合作，推出高品質的新產品。直接與供應商合作的目的，是為確保商品的品質不會因層層決策過程而受到影響。現在，我們開始嘗試將產品、服裝、家飾品甚至食物，依照各種生活主題組合起來以創造新的需求。此外，我們也開始在店面設計、商品呈現手法，以及各種周邊搭配（例如商品的包裝與宣傳品）上做大幅度的改變。

　　我有幸在這個深具影響力的世代中扮演一個角色，這個世代將「設計」這個概念，從一個毫不起眼的角色，轉變成大眾關注的焦點。現在，視覺意象已經成為主流，未來的設計將會更偉大、更好、也更靈活。我的故事從 1960 年代的藝術學院文化開始，經歷 1970 年代及 1980 年代的服裝量販風潮，到 1990 年代培養新一代的設計新秀，到此已經形成一個圓滿的循環。

品牌魅力與行銷哲學

我們可能買不起 Givenchy 價值一千英鎊的服裝，但卻可以因為噴上 Givenchy 價值十英鎊的香水，而相信自己擁有 Givenchy 的魅力。這種超越現實的感覺，讓時尚變得如此夢幻、如此有魅力、如此令人著迷。各大知名時尚集團無不深諳這個秘訣，而極力維護品牌價值。品牌成為魅力與市場需求的保證。

本篇探討當代時尚產業如何利用品牌形象為商品加值，以及面對不斷被重新定義的時尚概念，這群時尚魔法師如何巧用行銷，持續抓住時尚子民的目光。

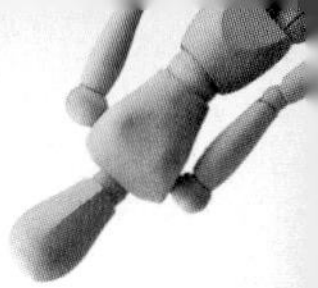

第 8 章

羅‧泰勒

品牌的力量：
高級時裝界生存之道

The Hilfiger Factor and
the Flexible Commercial
World of Couture

　　所有事物都有其文化意涵，時裝也不例外，而且時裝的意義時常取決於社會高層對文化的詮釋。文化對時裝及服飾配件的影響力很大，與過去比起來，它現在所影響的市場層面更廣。一雙鞋子或一瓶香水，如果沒有打上設計師的品牌、或放在名品店裡展示，就只不過是一件平凡的商品，但經過品牌的包裝後，這些商品馬上就變成全球知名的精品。時裝產業的經營模式相當成功，這種模式現在已經成為全球時尚產業的重要一環。

　　知名的時裝公司總在時裝秀中展示最迷人的當季服裝，而且從不透露公司實際的營運面，但公司的經營與時裝產業其實有很密切的關係。的確，我們對高級時裝產業的認識（不管是對過去或現在的時裝公司），主要是來自一些服裝設計師的小故事。但這些故事大多是經過編撰，而且是有策略的宣傳手法。它隱藏起來的事實，遠多於透露出來的部分，這樣做只為了虛張聲勢，

時裝的目的是為特定族群提供符合社會禮節的社交服裝。

好讓所有的人都對該公司懷抱景仰之心。這些故事與報導對那些無知、容易受騙的讀者來說，無疑是一個可怕的陷阱。在許多時尚記者的推波助瀾下，這些關於品牌設計的故事與報導，總將名牌時裝描繪成高級藝術或不切實際的夢想。設計師被視為天才，他們所設計的服裝則被視為一個充滿創意的奇蹟。

1990 年代中期以前，很少人會提到，幾乎所有巴黎時裝公司自 1970 年代以來都面臨財務虧損的窘境。也很少人知道，過去三十年來，時裝設計師的主要工作，是在打造奢華的店面形象，好展示價格不實的百萬設計師商品。在這些高級時裝公司的刊物中，你看不到它們的年報、也看不到服裝的價格、當然也看不到它們的盈虧數字，換

句話說，你看不到任何關於這家高級時裝公司的事實。因為它們想要撈更多錢。

當然，這些美麗的高級服裝真的存在，就如同我們在商品目錄中看到的一樣。我們都景仰、欽佩、也都看見了設計師的創意、完美的剪裁、高品質的手工技藝，以及絕佳的編織與刺繡技巧等等。然而，由於我們都太過注意時裝世界的奢華形象，很少知道這些時裝公司在兩戰期間（inter-war period），也面臨了嚴重的商業交易問題。所有關於時裝設計的故事，都不會提到時裝公司或其系列作品的失敗經驗，也不會提到這些公司也需要額外的金錢贊助才能維持下去。時裝產業自從 1920 年代末期以來，一直因為接踵而來的經濟危機而搖搖欲墜，這件事並沒有多少人知道。從另一個角度來說，也沒有人真正知道巴黎時裝產業的主要優勢是什麼，那就是：靈活的營運模式。

相形之下，設計師在服裝設計上的靈活性倒是為人所熟知。我們都知道渥斯（Worth）和道西（Doucet）在 1900 年期間，曾為了因應社會需求而修改他們為國際名人設計的服裝。我們也都聽過，香奈兒在兩戰期間，因為體認到「新貧」階級的興起，而修正設計路線，進而引領時裝產業走入一個全新、充滿創意的方向。尚·保羅-高帝耶直到今天都很受人尊敬，因為他在 1988 年推出一系列全新風格的服裝，吸引了年輕一代的消費族群。相較之下，這些時裝公司在營運方面的靈活性，卻很少被人提及。所有焦點都是放在某件時裝有多特別、創造了多大的成功等等。也由於從不在公司刊物中提到營運狀況，這些時裝公司忽略了一個重要事實，那就是，成功的營運是確保公司永續成長的動力。而這正是本章所要討論的重點。

服裝的功能

根據亞歷山卓爾·帕瑪（Alexandra Palmer）所說的，製作時裝的目的，是為特定族群，提供符合社會禮節的社交服裝。時裝產業最基本的財務問題來自於，這些高級時裝的主要訴求對象是少數有錢的女人，但在經濟不景氣的時候，這些女人也可能隨時

停止購買這種高級昂貴的服裝。也就是說,高級時裝產業無法一直保持穩定的營運與獲利。事實上,這個產業從來沒有穩定營運過,總是受到全球經濟危機的影響,過去五十年來,只有經營模式靈活的時裝公司才能倖存下來。

　　商機在哪裡?高級時裝的顧客又在哪裡?一直到 1914 年之前,時裝產業的主要訴求對象是歐洲及美國的富豪。1900 年,巴黎時裝聯盟(Syndicate de la Couture)的 21 個會員,共將 65% 的商品銷售給分布在全世界的主顧客及富豪圈。事實上,也只有在 1890 年到 1914 年的這幾年間(也就是巴黎時裝聯盟存在的前三十年),時裝產業才稍稍免於經濟危機的影響。巴黎的時裝產業無人能及,面對那些熱切、著迷的全球顧客,它可以決定用任何價錢出售它的商品,而服裝設計師的作品,則早已被賣到全球各大都市的高級百貨公司中。1900 年,巴黎時裝聯盟正式宣布成立,展示一系列高級服裝,當天的展覽空前成功,大批民眾爭相擠入展場,想要一睹舞台上的模特兒;那些模特兒的姿態有些像在參加社交聚會,有些則像在賽跑;當天賓客踴躍,還要出動警察,才能控制人潮。根據安妮·拉多(Anny Latour)的描述,最知名的六、七家時裝

公司,例如道西、渥斯以及德瑞克(Drecoll)等,每一家都雇用了四百到九百名工作人員,銷售額高達三千萬法郎。有錢的顧客在哪裡?他們通常是社會的貴族階級,可能來自聖彼得堡、斯德哥爾摩、馬德里、倫敦、布宜諾斯艾利斯、芝加哥以及東京。舉倫敦時裝設計師盧希亞(Lucile)為例,她在 1990 年準備前往美國宣傳之前,舉辦了一場服裝秀,當時有上千人擠進她位在倫敦漢諾威廣場的展覽場。「秀場結束後,銷售員發現,她們當天得到超過一千件的服裝訂單。」

　　這些服裝代表這些人在社交圈的社經地位。史都華·艾文（Stuart Ewen）認為，「服裝風格與社會權力之間的關聯，並非來自二十世紀的消費文化。事實上，兩者之間的關係已經存在很久。」這些社會顯貴者的服裝，透露出一種奢華、優越的形象，表示他們有更多資源可以裝扮自己，而且當大多數人在揮汗工作時，他們卻可以享受悠閒的時光。

　　這些有錢人不覺得穿著奢華有什麼不對，相反的，他們認為這樣穿是他們的職責，因為他們必須穿著符合社會地位的服裝。他們堅信，華麗的妝扮是他們的社會責任，因為這樣才能提升他們那個社會階級的視覺形象。同時，他們也相信，他們有義務僱用穿著體面的員工。當畫龍刺

對高級訂製服推廣有加的拿破崙三世之妻歐仁妮。

鳳的繁複錦緞蠶絲絲綢在1860年代褪流行後，里昂（Lyons）那些蠶絲織品廠商的生意一落千丈。渥斯因此商請法國女皇尤金妮（Eugenie）穿著繡有繁複圖案的錦緞蠶絲晚禮服（這種材質曾經是該鎮的服裝主流）。尤金妮女皇其實比較喜歡質地較輕、圖案也較簡潔的新潮絲織品，但她還是勉強答應了渥斯的請求。她雖然不喜歡這種服裝，甚至將這種服裝稱為「政治性服裝」，但這樣的作法確實讓蠶絲絲綢的服裝生意起死回生。

　　1880 至 1914 年期間，服裝產業的客戶群大幅增加。保羅·尼斯頓（Paul Nystrom）曾寫道，珍·浪凡（Jeanne Lanvin）透過她在布宜諾斯艾利斯的服裝分店，成功打開新的市場；而寶金（Paquin）這品牌也因為將銷售據點拓展到百貨公司，並與批發商合作，因此它成功吸收了從前未注意到這個品牌的有錢女性顧客。卡洛·席爾斯（Callot

Soeurs）則將盜版公司揪出來（這些盜版公司通常是一些個人經營的小服裝公司），他授權買家複製服裝的權利，但買家必須支付一筆費用。到了第一次世界大戰爆發時，巴黎已經成為全球高級服裝設計與製造的聖地。

在 1914 年到 1918 年一次世界大戰期間，服裝產業雖然沒有消失，但也沒有成長，而且還受到一連串商業重挫的影響。面對這樣不穩定的市場，只有靈活的設計策略與經營手法，才能在這波戰火中存活下來。第一次世界大戰結束後，歐洲及美國相繼進入經濟衰退期，這對服裝產業來說，是一個很直接也很嚴重的問題。這個產業在大戰期間喪失許多男性勞工，例如紡織工人，因此蠶絲製品在市場上開始缺貨。此時，日本開始製作流行性的絲織品，並大量出口這些流行絲製品。但市場上的蠶絲製品卻一直面臨短缺狀態，因此里昂的絲綢製造商開始認真考慮要改製人造絲。1913 年，里昂的織品工業只用掉了價值四百萬英鎊的人造絲纖維，但由於人造絲的製作技術與品質不斷改進，加上蠶絲製品愈來愈稀有，因此到了 1921 年時，里昂使用的人造絲纖維已經高達八百萬法郎。到了 1938 年，里昂的絲製品中，有 72.2% 是人造絲，只有 8.1% 是蠶絲製品。

文化潮流不斷改變，那些無法順應潮流的服裝設計師，包括盧希亞，都面臨破產、被併購或關門的命運。盧希亞在 1931 年曾寫道，「在 1920 年代，服裝公司的獲利只有一次世界大戰前的一半。過去那種奢華、不計成本的服裝潮流早已不再。貴婦人的服裝風潮已經過去，現在，就算是號稱全歐洲最會穿衣服的女人，她的治裝成本也只是過去的

一半。」這種轉變很令人震驚，一些全球知名的服裝公司紛紛倒閉。俄羅斯的貴族們不再買衣服，俄羅斯大革命後，他們很多人變成了巴黎服裝公司的員工，而不再是掏錢的顧客。此時出現了一批嗅覺敏銳、手法靈活的服裝設計師，他們有辦法因應 1920 年代的經濟與文化挑戰。與這些新興設計師相較，盧希亞遠遠落在其後，她語帶挖苦的說：「設計師老是壓低成本，現在，再也看不到美麗的服裝，沒有襯裡、沒有蕾絲、廉價的刺繡飾品。每一碼省下的布，都應該要看起來更好。」

事實上，盧希亞認為很不入流的裝扮，其實才是順應時勢的最佳作法。盧希亞沒有察覺到，女性現代化風潮已經橫掃全球，而這種新式的服裝風格才是因應這波風潮的創意作法，但盧希亞卻對它嗤之以鼻。她說：「沒有一個女人應該穿便宜的服裝。」她不認為服裝是「一種解放或現代化的結果」，相反的，她將服裝視為「設計師的創作——一種因應戰後新生活的服裝」。戰後，市場的消費族群開始改變，許多有遠見的設計師紛紛轉而訴求這群新的消費者。一些流行服裝公司開始擴大門市店面、加印宣傳品，吸引那些收入中等的消費族群，這讓他們的獲利節節上升。服裝公司必須祭出愈來愈具競爭力的商業手段才能獲利。盧新・里龍（Lucien Lelong）聘請年輕的設計師團隊來設計服裝，推出適合社會菁英族群穿著的成衣商品；另一方面，他同時也推出適合特殊場合的高級訂製晚宴服。巴圖（Patou）是一位知名的現代派大師，就像香奈兒夫人一樣，他販售限量香水，也推出時髦的休閒服飾、同時擁有世上最高雅前衛的高級時裝店。此時，時裝產業已度過世界大戰的危機，但接下來它還必須面對即將來臨的華爾街崩盤。

1930 年代早期

1929 年華爾街崩盤，緊接著，自 1930 年後，美國在最新通過的「郝利史慕斯法案」（Hawley-Smooth bill）下，對巴黎高級時裝課以高達 90% 的進口稅。巴黎時裝因此在 1930

至 1932 年期間，失去整片美國市場，並且被迫開始降低時裝的製造成本。香奈兒夫人在 1931 年推出第一款成本較低的棉製晚禮服，當時她的美國顧客幾乎完全流失，重創 Chanel 服裝公司的營運。該如何面對這種困境呢？1932 年，香奈兒夫人開始搶攻美國好萊塢市場，並藉此打開國際知名度；她受邀為塞繆爾・高威公司（Samuel Goldway）工作，專門處理營運有問題的個案。到了 1935 年，香奈兒夫人的服裝事業又重新回穩，她雇用了四千名員工，一年推出兩萬八千件時裝秀服裝，再也不需要藉助好萊塢明星來做宣傳。

設計師保羅・艾瑞伯（Paul Iribe）在 1932 年遭遇銷售困境，他開始構思解決之道。他提出一個極具煽動性的口號──「捍衛奢華」，藉此遊說那些有錢的顧客，要懷抱著愛國心，對法國商品維持他們過去一貫的高消費水準。他說：「我們要捍衛這些高貴的產業」，他特別強調幾個領域，包括建築業、裝飾藝術產業、絲綢及其他高級織品產業、法國地毯紡織產業、時尚產業、珠寶及香水產業等等，他表示，「這些都是我們的榮耀與財富」。他認為「法國」這個字本身就蘊涵著奢華的意義，並說：

「我們必須驕傲地捍衛我們的奢華。」他將這個行動視為一個精神堡壘，用以對抗在時尚設計與製造產業、裝飾藝術以及香水產業中，逐漸成型的機械化與標準化趨勢。艾瑞伯的這個理念承襲自 1910 年代的保羅・波萊特（Paul Poiret），他將奢華視為「法國創意、聲望、力量、資產與品質保證的象徵。」

保羅・艾瑞伯所繪的三種大衣插畫手稿。

　　事實上，1930 年代早期的經濟危機，讓大型時裝公司開始走向成衣商品的營運模式，將服裝的製造工作直接委託給成衣製造商，這種作法奠定了這些公司在 1960 年代成功的基礎。不過，在當時這樣的營運模式並不被看好。到了 1930 年代末期，這種模式才又重新活絡起來，例如西亞派瑞里（Schiaparelli）就在她的精品店中販售她自己的手套、珠寶、香水與圍巾。除此之外，當時幾乎所有主要的服裝公司都有自己的香水品牌。到了 1938 年，巴黎時裝產業的營業額至少有兩百五十億英鎊，法國在全球時尚產業中享有極高聲望，也進一步刺激了成衣產業與配件產業的蓬勃發展。根據《日內瓦論壇報》（Geneva Tribune）的估計，在二次大戰前，法國時尚相關產業的工作人口已經高達三十萬人。到了 1939 年，巴黎時裝產業前景看好，因為巴黎一直主宰著全球時尚產業，並有暢旺的出口市場。

品牌授權經銷策略

　　在納粹統治下，巴黎時裝產業極度蕭條；1944 年到 1947 年間，巴黎時裝產業不論在精神上或經濟狀況方面，都面臨前所未有的晦暗時期。只有靠著外國顧客的消費、國際時尚媒體的報導，以及設計師本身的創意，巴黎時裝產業才能成功推出新商品。社會菁英的服裝品味不斷改變，由於個人消費市場急速萎縮，巴黎時裝公司開始積極尋找不同的商業契機，例如迪奧在倫敦、紐約、澳洲及法國製作服裝；巴爾曼（Balmain）在阿根廷及泰國舉辦服裝秀；傑克斯‧費絲（Jacques Fath）與其他設計師共同在巴西舉辦服裝秀。迪奧的模式很成功，他在 1950 年代仍然保有三千名主顧客，其服裝銷售量遠遠超過競爭對手。根據亞歷山大‧帕瑪（Alexandra Palmer）的統計資料顯示，在 1954 年春季到 1955 年秋季，迪奧的服裝公司共生產了 5154 件服裝，而同時期與他實力最接近的競爭對手的服裝產量分別為：費絲 4140 件、巴爾曼 3112 件、妮娜‧麗茲（Nina Ricci）2800件。二次戰後，沉潛已久的香奈兒在巴黎重新開幕，她的服裝銷售量只有 3000 件。迪

奧成功打開授權經銷的商業模式，於是他在 1947 年成立香水公司，而他的高級成衣店也於 1948 年在紐約開幕；此外，由紐約 Dior 公司授權凱瑟（Kayser）製作的長襪系列，則於 1949 年正式開賣。而授權由德國波漢公司（Pforsheim）製作的 Dior 珠寶系列，也是依照同樣的模式上市。此外，在男裝的銷售上，Dior 則授權美國斜紋絲織品製造商班傑明‧西斯（Benjamin Theise），製作他的絲質領帶系列，並於 1949 年在紐約的奧特曼（B. Alltman）百貨公司上市。到了 1984 年，皮草製品及時尚女裝只占 Dior 整體事業的 1.5%。

由於迪奧的商業模式相當成功，皮爾‧卡登（Pierre Cardin）也採取授權經銷的策略，後來成為擁有最多授權商品的設計師。1958 年時，皮爾‧卡登的成衣系列在巴黎的拉普婷百貨（Le Printemps）上市。《女裝日報》曾於 1982 年 2 月 9 日報導，皮爾‧卡登公司一年共有五百四十件授權商品，價值高達五千萬美元。皮爾‧卡登公司由於擴張太快，還曾被拒絕加入女裝代理協會（Chamber Syndical de la Couture）的會員。根據迪達‧甘巴（Didier Grumbach）的統計，1930 年時，巴黎時裝產業共有 6799 名工作人口，直接受僱於59家主要的時裝公司。這些工作人口包括 33 名學徒、1735 名工作人員、118 名中介人、135 名裁縫師，和 116 名模特兒。到了 1990 年，工作人口的數字則降至 928 人。

倫敦的時裝產業在 1950 年代曾經歷短暫的興盛，但不久後就因為無法因應個人消費市場的急速萎縮，而開始蕭條。因此，倫敦不論在國際地位或財務資源上，都無法與巴黎匹敵。也因為這樣，除了哈迪‧艾米斯（Hardy Amies）的服裝公司外，倫敦在二次大戰前上市的舊款高級女裝，到了 1960 年代末期已經完全從市場上消失。

相較之下，我們發現，巴黎時裝產業在服裝風格以及營運模式上不斷調整，因此可以快速因應 1950 年代以及 1960 年代時期，全球文化與經濟的轉變。當時巴黎時裝產業依然存在著菁英主義的思潮，但聖羅蘭（Yves Saint Laurent, YSL）卻於 1966 年設計製造出一個與他的高級訂製服系列完全不同的成衣系列商品。大約從 1970 年開始，巴黎時裝產業開始製作時尚成衣商品與授權生產飾品配件。從那時開始，除了少數例外（例如

Chanel），高級服裝店的女裝生意開始節節虧損。根據德瑞恩斯基（G.Y. Dryansky）1972年 2 月 3 日於《女裝日報》上的報導：「二十家巴黎高級時裝公司一年四千萬美元的營業額，這種榮景已經不再，取而代之的是營運虧損與財務赤字。愈來愈少人願意花大錢去購買某個品牌的高級訂製服。」根據他的報導，紀梵希（Givenchy）的成衣商品推出後，在短短四年之內，就已經達到將近兩百萬美元的銷售數字。同年，聖羅蘭精品店的高級女裝生意虧損了七十萬美元，但他在全球門市的成衣商品系列，卻在不到六年的時間內，為他賺進了兩千四百萬美元的營業額。到了 1980 年，根據法蘭克斯‧文森─理查（Francoise Vincent-Ricard）的統計，所有巴黎高級時裝公司的總顧客量只剩 2000 名。

　　根據《經濟學人》（The Economist）於 1984 年 3 月 17 日的報導，皮爾‧卡登的品牌共授權給 150 件商品，這些商品包羅萬象，從電話到噴射機，都有皮爾‧卡登的名字，一年為皮爾‧卡登賺進十億美元的營收。此外，《經濟學人》還報導，光是在 1982年，皮爾‧卡登的授權商品，就為他賺進二十億美元的營業額，同年，他授權查爾斯（Charles）製造的香水，也為他賺進了四億美元。高級訂製服的營業額只占皮爾‧卡登公司總營業額的 0.15%，不過在 1983 年，他的高級訂製服營業額曾達到四千萬法郎。此外，聖羅蘭則曾在東京的西武百貨（Seibu）銷售了價值三千萬美元的商品。

商業競爭

　　到了 1980 年代，巴黎在國際時裝設計界的領導地位，受到來自紐約時裝設計師的嚴重挑戰，這些紐約設計師包括卡文‧克萊（Calvin Klein）、拉夫‧勞倫（Ralph Lauren），以及多娜‧凱倫（Donna Karan），他們也都採取全球商品授權經銷的策略。除此之外，來自米蘭的知名義大利時裝公司，例如凡賽斯（Versace）、亞曼尼（Armani）、古馳（Gucci），以及來自東京的三宅一生等設計師，也是巴黎的主要競爭對手。此外，另一個層次的服裝商品（這些商品並非精品，但卻擁有龐大市場），也為高級時裝市場帶來極大的商業

威脅。這些商品主要是為迎合美國龐大的運動休閒市場,包括 Levis、Adidas、Nike、Reebok、Nautica、Guess、GAP、Hilfiger 等運動休閒服裝公司。在整個1990 年代,全球的服裝及配件市場中,這類運動休閒商品的市場占有率,達到前所未有的高峰。

雖然這些運動休閒服裝和高級時裝產業,有截然不同的文化時空背景,但它們的市場行銷手法,的確有許多地方值得這些知名時裝設計公司借鏡。有些時裝設計公司開始將它們

Ralph Lauren 從一款經典領帶的設計起家,自此圍繞經典美國夢想為核心主題,衍生出豐富多樣的系列產品。圖為 1998 年形象廣告。

的設計師品牌運用在一些平凡的服裝商品上,試圖將觸角伸入這塊商機龐大的運動休閒市場。到了 1990 年代,有些知名的時裝設計公司甚至將牛仔褲及運動服裝,都納為公司的品牌商品。例如《衛報周末》(Guardian Weekend)就曾經於 1999 年 4 月 3 日,以醒目標題寫著:「來自愛馬仕(Hermès)的 Quick 運動服裝,定價就要兩百九十英鎊」。只要加上一些特色、一個品牌標籤,以及一些裝飾,一件平凡無奇的牛仔褲都可以一躍成為設計師品牌牛仔褲,並以誇張的高價賣出。

至此,高級時裝以及運動休閒服裝,首度在同一個大眾市場上正面交鋒。對那些運動休閒服裝連鎖公司來說,這個市場的獲利簡直是前所未見。如今,這些運動休閒品牌,甚至變成了高級服裝品牌,例如法國春天百貨集團(Pinault-Printemps Redoute)在 1999 年時,就以三十億美元的價格,買下 Gucci 的 40% 股權。而隔天路易‧威登集團(LVMH)馬上祭出八十億美元將這些股權買下。

席爾菲格現象

1990 年代末期，隨著湯米・席爾菲格（Tommy Hilfiger）的服裝公司在全球市場獲得前所未有的成功，「席爾菲格現象」（Hilfiger Factor）瞬間成為高級服裝產業最大的商業威脅。所謂「席爾菲格危機」（Hilfiger crisis）指的就是，那些運動休閒服裝所帶來的龐大市場成功。這股熱潮很快蔓延到全球的服裝產業，消費者開始熱中於這種美式的服裝風格——中性的牛仔褲、運動服、休閒夾克以及 T 恤。這些美式服裝隨著美國的音樂錄影帶、電影，以及 MTV 台，而快速擴散到世界各地，主要的消費族群則集中在三十歲以下的年輕人。

湯米・席爾菲格的公司曾做過一個有趣的個案研究，它們發現席爾菲格的成功是有跡可循的。這間服裝公司在整個 1990 年代快速成長，它一開始推出的商品是一系列的休閒男裝與運動服，例如牛仔褲與迷彩裝，之後開始推出女裝。它在 1997 年的營收是六億六千一百六十八萬八千美元，比 1996 年的營收增加了 38.4%。它光是在 1997 年第四季的營業額，就高達一億七千零四十五萬三千美元，當時它還與一家日本公司合作並買下該公司的代理權，以搶攻日本市場。那一年，席爾菲格公司光是授權費的營收，就增加了 136%。席爾菲格是一家香港公司，它的製造工廠在中國，它的商品還包括 1998 年推出的一件八十五英鎊、在騎士橋（Knightsbridge）旗艦店才買得到的毛織運動衫。路透社曾在 1998 年 2 月 2 日報導說，席爾菲格以十一億美元買下了所有 Pepe 牛仔褲。

透過專業的行銷手法，席爾菲格公司將那些大量生產的休閒服裝塑造成設計師品牌，搖身一變成為高級時尚服裝。同時，它也採取高級時裝公司（例如 Givenchy、Dior 和 Chanel）的行銷策略，在 1998 年聖誕節時，在英國百貨公司推出自有品牌香水「湯米女孩」（Tommy Girl），每一百毫升售價三十五英鎊。當時，聖羅蘭的 Kouros 香水訂價不超過二十五英鎊、而 Dior 的狂野之水（Eau Sauvage）香水也只不過定價三十英鎊

而已。席爾菲格的香水是由雅詩‧蘭黛（Estée Lauder）的 Aramis 部門授權製造。在那個時候，大多數的高級服裝品牌都必須依賴授權製造的配件及香水市場才能生存，因此都面臨明顯的商業問題。但席爾菲格公司卻沒有這方面的問題，因為它不需要去維繫任何高級時裝店的營運。

席爾菲格在 1997 年 10 月接受《DNR》的訪問時曾表示：「席爾菲格的未來是無可限量的，我們唯一需要面對的挑戰，就是維繫我們在年輕市場的可信度。一個品牌如果要維持很久，就必須是一個與生活貼近的品牌。」席爾菲格最讓人印象深刻的地方，就是它成功推出一系列基本款、卻定價昂貴的休閒服飾，包括棒球帽、泡泡夾克與牛仔褲，他將這些商品塑造成人人都想擁有的、經過設計師精心設計的時尚單品。

對席爾菲格公司幫助最大的行銷手法就是廣告宣傳。透過動人的廣告，席爾菲格鎖定全球的年輕族群以及美國的年輕黑人市場，席爾菲格的銷售數字因此迅速攀升，這正是巴黎那些歷史悠久的高級時裝品牌最常用到的行銷手法。除此之外，席爾菲格也效法那些高級時裝品牌推出季節性商品，定期舉辦服裝秀，成功贏得媒體的大篇幅報導。就像那些大型的時裝品牌一樣，席爾菲格公司每當推出新品的時候，就請名模來走秀宣傳；1997 年，當倫敦旗艦店開幕時，還請來娜歐蜜‧坎貝兒（Naomi Campbell）以及凱特‧摩斯（Kate Moss）等名模來走秀。此外，1994 年時，美國嘻哈明星也穿著席爾菲格的服裝宣傳，此舉讓席爾菲格成功奠定它在美國市場的地位。

就像高級時裝公司一樣，席爾菲格也在高級時尚雜誌上登廣告，而且就刊在像 Dior、Gucci 及 Chanel 等高級時裝公司的廣告旁。就像這些知名的時裝設計公司一樣，席爾菲格在 1990 年代末期在全球三十個國家廣開分店，拓展它的事業版圖。席爾菲格在《DNR》的訪問中曾表示：「我的靈感來源主要來自歐洲時裝品牌，以及它們對時裝的品味。」他接受這段訪問時，正好是他第一次在歐洲推出商品的時候。這個以美國星條旗為基調的服裝款式，究竟是如何受到歐洲文化的影響，這個過程不得而知，

但這些服裝的的確確像那些歐洲高級時裝一樣風光，並成功打入漢堡（Hamburg）、馬德里（Madrid）以及倫敦的名流社交圈。

席爾菲格很了解他的市場在哪裡，他的市場不是那些收入穩定的中產階級或中年富豪，而是那些分布在全球的、廣大的、跨種族的年輕族群。席爾菲格在歐洲賣得最好的夾克是亞德曼泡泡夾克（Admont puffa jacket），這是一種棉質、內有尼龍襯裡、外頭繡有大大的 Hilfiger 品牌標識的夾克，一件定價二百九十五英鎊。他在 1998 年提出的公司理念是：「年輕靈魂是我們的靈感泉源，廣泛運用資源是創造價值與傑出成就的關鍵，品質是我們生命與產品的最高原則，尊重的態度可以讓我們穿透所有文化與國界，憑藉著對未來的勇氣，我們才可以不斷擴張版圖。」

席爾菲格了解門面的重要性。那些高級時裝公司總是不惜成本將門市裝潢得氣派非凡，席爾菲格也很了解這個道理。他於 1998 年在倫敦新成立的國際精品店，就位在 Chanel、拉克華（Lacroix）及海威·尼可拉斯（Harvey Nichols）等高級時裝公司旁邊。

在行銷手法方面，席爾菲格很清楚知道一個成功品牌所

湯米·席爾菲格崇尚自然、簡潔，設計創作皆充滿活力。他 26 歲就在紐約市開了第一家店，33 歲就創立了自己的品牌。

具備的市場威力。他的許多服裝變成了巨幅的廣告看板，以該品牌的顏色為基本色系，將斗大的品牌名字「TOMMY」或「HILFIGER」印在上面。藉由這種手法，席爾菲格成功銷售以中產階級為主要訴求的休閒服飾與香水，他讓這些商品看起來就是巴黎高級時裝店中的頂級精品。只要席爾菲格的消費者相信，他的商品具有與高級時裝公司一樣的設計水準，那麼席爾菲格的商品就可以穿越所有文化與經濟能力的界線，成功觸及所有國家、所有社會階級的消費族群。他可以進入神聖的高級時尚界，卻不必背負像那些高級時裝公司一樣的經濟負擔。藉著這個方法，他可以讓原來平凡的品牌「TOMMY」變得熠熠發光。如果不是品牌的力量，席爾菲格的商品和普通的休閒運動服根本沒有兩樣。但有了成功的品牌後，所有的人都可以在足球明星的衣服背面看見席爾菲格的品牌標誌，而知名足球明星貝克漢（David Beckham）更在 2000 年 3 月時，穿著白色的席爾菲格防水夾克，推著嬰兒車接受全球媒體的採訪。

2006 年冬季的 Hilfiger 形象廣告，以遼闊雪原冰川上的熾熱友情為出發點，以懷舊的氛圍詮釋新經典。

此外，席爾菲格也試圖提升他的設計師形象，因此在 1998 年席爾菲格公司的網頁上，就聲稱「湯米・席爾菲格是純正的美國設計師。與拉夫・羅倫、卡文・克萊和佩利・艾莉斯（Perry Ellis），並列美國四大服裝設計師」。席爾菲格不像那些高級時裝公司藉著大量授權來打開平價市場，而是試圖開拓高級市場。1990 年代末，他在比佛利山莊開設了一家專賣店，販售高價的喀什米爾羊毛商品。這家專賣店由艾倫・格林堡（Allen Greenberg）親手設計，共耗資兩千五百萬美元，擁有巨大的新古典白色門柱，這棟玻璃建築還曾經贏得 1999 年美國最佳商業建築設計獎。1999 年時，席爾菲格推出另一條品牌路線──紅標（Red Label），主打女裝市場，並且聘請一位新的女裝設計師黛爾・凱瑞岡（Daryl Kerrigan）。席爾菲格表示，這個新品牌的主打對象是社會名流，例如搖滾明星。仿效高級時裝店的經營策略，他首先推出高級的設計師系列作品，包括有紅、白、藍三種色系的皮夾克、德州靴子和牛仔褲，然後再將這些設計運用在平價的商品上，以提昇平價商品的身價。到了 2000 年時，在新開幕的 Hilfiger 門市店中，已經可以找到倫敦紅標的商品。

就像所有的設計師品牌一樣，品牌標誌是席爾菲格成功的關鍵因素。有了品牌之後，所有授權的商品只要打上品牌標誌，就能賣得超出商品實際價值的價格。品牌變成魅力與市場需求的保證，可以將商品身價提升到一般連鎖服裝店所無法達到的層次。這是 Hilfiger 公司清楚知道的事實。

大打名牌形象戰

我們在這裡所說的「品牌價值」，指的就是設計師的作品，被當成奢華世界的象徵，擁有它，就表示擁有國際名望、美麗、成功，與品味。高級時裝世界總是營造一種一般人難以達到的頂級奢華形象──一種人人稱羨的渴望境界。格蘭特・麥奎根（Grant McCracken）在他的書《文化與消費》（*Culture and Consumption*）中，將這種現象稱為一種

在 2006 年冬季的 Hilfiger 形象廣告中，由各式運動的刺激及
樂趣，呈現出不論是溜冰、滑雪，釣冰魚，或是駕駛由哈士
奇拉行的雪橇，席爾菲格都可以滿足你的各項需求。

意義取代的過程，也就是：頂級的設計師作品成為通往奢華世界的橋樑。高帝耶設計的香水可以輕易用三十英鎊買到，但他所設計的一件要價一千三百英鎊的服裝，就非人人可以擁有。我們可以買 Dior 的香水，但不買 Dior 設計師加里亞諾（Galliano）所設計、一件要價數千英鎊的珠珠裝。透過這樣的購買行為，我們可以因為擁有名牌商品，直接與高級時裝世界搭上關係，晉身夢想中的奢華世界。我們可能買不起 Givenchy 價值一千英鎊的亞歷山卓‧麥克昆（Alexander McQueen）服裝，但我們卻可以因為噴上 Givenchy 的香水，而相信自己擁有 Givenchy 的魅力（Givenchy 香水 1997 年時一瓶價格約十英鎊）。高級時裝公司深知這個道理，並且深諳這種操作手法。自從 1950 年代以來，各大知名時尚集團，例如 Prada、Gucci、LVMH 等，無不想方設法維護品牌價值。社會學家史都華‧艾文（Stuart Ewen）將高級時裝世界形容為「超越現實的世界」，並且認為，就是這種超越現實的感覺，「才會讓時尚變得如此夢幻、如此有魅力、如此令人著迷。時尚帶來的價值中，其中一部分就是讓我們遠離沉悶的現實世界。」

品牌標誌擁有時尚魔力。席爾菲格只要能夠成功運用行銷手法，為那些大量生產的休閒服與香水，創造出一種高貴的形象，而且只要他能將這些商品塑造成設計師品牌，那麼他就會一直是高級時裝界的嚴重威脅。只要席爾菲格可以成功讓那些平凡的休閒服飾，擁有超越現實的時尚魔力，而且不斷推出新產品滿足全球年輕族群，那麼他就會是巴黎時裝世界與巴黎頂級設計師最嚴重的經濟威脅，如同 1929 年 華爾街大崩盤所造成的威脅一樣。

不過，那些知名的巴黎時裝品牌似乎已經注意到這個問題，過去幫助它們度過幾次難關的靈活商業手法，又再度被派上用場。1990 年代中期，巴黎時裝品牌採取了一些行動，準備應付來自國際性運動休閒品牌（例如 Hilfiger）以及愈來愈具競爭力的義大利品牌的威脅。1990 年代中期以來，這些知名的巴黎時裝公司紛紛聘請風格前衛的年輕倫敦設計師進駐，例如 Givenchy 及 Dior 的約翰‧加里亞諾、Givenchy 的亞歷山卓‧

The Fashion Business
時尚經濟

麥克昆、以及克洛（Chloe）的史黛拉・麥卡尼（Stella McCartney）。這些公司了解到，降低消費年齡層以及提升現代化形象，是當務之急的工作。就算在財務危機的情況下，它們仍然必須竭盡所能維持一個頂尖、創新的高級時尚公司形象。一個品牌商品要持續熱賣，必須具備敏銳、年輕的形象，與滿足少數主顧客比起來（他們需要的是豪華走秀服裝），維持形象的工作顯得重要許多。畢竟，對那些知名時尚公司來說，要在全球持續熱銷價值數百萬美元的知名品牌香水、化妝品、包包、珠寶、絲襪、手錶、鞋子、T恤、行李箱、內衣、太陽眼鏡、圍巾、甚至室內設計等，維持一個充滿魅力的形象是很重要的。

我們可以買幾十英鎊名牌香水，但不買動輒要價一千萬英鎊名牌珠珠裝。透過這樣的購買行為，我們藉由擁有名牌附屬品，而晉身夢想中的奢華世界。

　　如同 Hilfiger 及其他類似品牌不斷提高宣傳投資，這些知名的巴黎時裝品牌也是如此。到了 1990 年末期，這些時裝品牌所營造出來的奢華形象，已經是 Hilfiger 這類品牌所無法比擬的，那些奢華感十足的廣告，往往是一些年輕、穿戴精緻的首飾配件、化著彩妝的美麗夢幻女人，站在高雅的香水玻璃瓶旁，或置身一堆名牌包包中間，或穿著高貴的鞋子。從這裡，我們又再次見證到高級時裝世界靈活的商業手法。沒有人能逃脫它們的致命吸引力，從沙烏地阿拉伯公主，到出手闊綽的俄羅斯新貴，到穿著廠商免費贊助服裝參加奧斯卡金像獎的好萊塢明星等，都拜倒在這些高級時裝公司的奢華形象之下。此外，這些高級時裝品牌的吸引力，也對那些在渡輪站等待轉運的乘客，和在機場等待行李的乘客發生作用。泰米森‧布蘭查德（Tamsin Blanchard）曾在 1998 年 1 月 21 日的《獨立報》（Independent）上，以頭版頭條刊登她所觀察到的巴黎現象，標題是：「拉格斐（Lagerfeld）知道、但加里亞諾卻不知道的事」。她對加里亞諾的服裝的評價是：過於夢幻與浪漫。她寫道：「如果一場時裝秀的目的，只是為了賣香水，並讓整場服裝秀變成一則光鮮亮麗的廣告，那麼整個高級時裝界充其量只不過是一個美好的、如詩般的、夢幻的羞恥。」不過，也許像 Dior 這樣的高級品牌，就是靠著創造這種如夢似幻的形象，才得以生存至今。Dior 在規畫縝密的商業策略下，刻意在所有授權商品的廣告中，主打加里亞諾的夢幻式風格。曾經有一項調查，針對波蘭、新加坡、巴黎、米蘭、倫敦、紐約、莫斯科以及東京等地的 Vogue 雜誌中的 Dior 廣告（以及 Chanel、Gucci、Versace 等知名時尚公司的廣告）進行研究，發現在全世界的所有知名品牌廣告中，都有相同的夢幻特質。

高級時裝公司的勝利

　　看起來，這些高級時裝公司似乎早已準備好應付來自席爾菲格的威脅。到了 2000 年 2 月，Hilfiger 的股價嚴重下挫，這個轉變讓許多人感到意外。約翰‧哈瑞斯（John

不論身在何處，品牌永遠可以讓消費者感受時尚與浪漫的
魔力。圖為 2006 年冬季的 Hilfiger 形象廣告。

Harris）在 2 月 8 日《獨立報》上寫道：「到底哪裡出了問題？這家公司陷入空前危機，它的股價在過去六個月內下跌了2/3，市值掉了十五億英鎊。」

部分問題可能是來自於 Hilfiger 公司的新品牌——走高價路線的紅標商品系列，這個系列商品並未如預期般吸引消費者的注意，瑞貝卡·羅索普（Rebecca Lowthorpe）曾在 2000 年 2 月 24 日的《獨立報》上，將這個結果形容為「一場災難」。雖然 Hilfiger 仔細規畫紅標上市的策略，並且投入大量的行銷成本，但仍然無法營造出如高級時裝所散發出來的那種「超越現實」的感覺。高級時裝公司植基於社會高層，藉著大量的授權商品成功打入平民市場；Hilfiger 的營運策略則是採取相反方向，企圖從平民市場向上開拓高價市場，但這樣的策略並沒有為這家公司帶來獲利。Hilfiger 未能提升它的平民形象，而導致現在的挫敗。

因此，Hilfiger 及類似品牌終究未能擊敗高級時裝公司。相反的，高級時裝公司自二次世界大戰後積極轉變經營手法，終於成功抵擋來自 Hilfiger 的強大威脅。像 Hilfiger 這樣的運動休閒服裝公司，未來仍將持續擴大版圖，並持續熱賣，但看來它們並不會威脅到高級時裝商品的高貴形象。的確，一家高級時裝設計公司成功與否，並非取決於它的時裝秀，而是取決於它的授權商品之銷售數字，以及公司的股價。

全球化商品

如今，設計師商品已經行銷全球，報章媒體充斥著「國際化風格」、「國際化展店」，以及「國際化消費」等字眼。*Vogue* 及 *Elle* 等雜誌發行全球版本，就是在告訴大眾，可以在新加坡、雪梨、華沙、里約熱內盧、阿布達比、首爾、東京、尼科西亞、約翰尼斯堡或莫斯科買到一樣的 Chanel 手錶、包包、口紅或太陽眼鏡。同樣的，Adidas、Nike 和席爾菲格等運動休閒服裝公司，也會出現在全球的年輕族群雜誌中。凡是經常旅行全球的人，到處都會看到一樣的品牌標誌。換句話說，Chanel、Dior、Nike

及 Hilfiger，各自統治了不同的設計師品牌市場。

　　也許，在我們討論設計師商品如何超越現實的同時，我們也應該要記得另一個全球化的現實──貧窮世界的消費方式。在 2000 年 3 月初，英國國家廣播電台（BBC）報導一位莫三比克水災災民的窘境。當鏡頭帶到這位災民的家裡，我們可以看到她所有的家當只剩一張椅子以及一個抽屜，她將僅存的家當放在樹上以免被水沖走。另外，她還有一雙鞋，她將兩隻鞋子高掛樹枝頂端晾乾，以免弄丟。這個故事提醒我們，當我們在檢視所謂的現實時（現實包括了所有的緊張、恐懼、渴望、以及夢想），最好的方法就是去探討服裝的文化意義。對許多人來說，藉著購買大量生產的「設計師商品」，我們可以觸及高級精品世界的奢華風格，夢想躋身和兩百九十英鎊的 Hermès 運動服相同的精品世界。但另外卻有更多人，他們的夢想只求一雙晾乾的鞋子。

第 9 章

凱洛琳・艾文斯

奇觀時尚秀：
一種拼貼意象的行銷策略

John Galliano:
Modernity and
Spectacle

　　本章將比較兩種意象：一是 1990 年代，時尚設計師約翰・加里亞諾（John Galliano）所表現的奢華、絢麗、戲劇性的時裝秀。二是十九世紀下半期，巴黎百貨公司與展覽會所呈現，以視覺假象創造出來的夢幻式展示方式。華特・班雅明（Walter Benjamin）形容這樣的技巧為「文字蒙太奇」。他曾寫到（並非坦白地）：「我不用說，只用秀！」他的目的是說，意象本身就可以傳達訊息，但不是透過語言，而是透過意象的編排與並列。班雅明的想法提供了研究藝術與設計的歷史學者一套複雜而精闢的研究模式，讓人了解視覺感官如何作用，這是其他研究設計的歷史學者從未提出的概念。他的方法讓我們可以在完全不同的時代之間，找到共同的相似性，並且讓我們可以用嶄新的角度看待歷史，歷史不再是從古至今的線性方向，而可以是古今交錯的複雜拼接，過去的歷史可以因為加入現代的元素而獲得不同的解讀。

　　本章試圖將間隔超過百年的兩個不同意象並列在一起，其目的不是為凸顯其表面

約翰·加里亞諾在 1997 年接掌迪奧之後，徹底將迪奧年輕化，將品牌氣勢帶到最高點，被國際媒體譽為「國際時裝之皇」。（麥羨雲 攝）

風格的相似處，也不是要讓兩者容易比較，而是要在「現代性」的精神和思想下，檢視這兩套意象的內涵。特別是，我試圖將加里亞諾在當代的設計，加諸在十九世紀巴黎消費文化中，藉以激發出十九世紀巴黎消費文化的豐富內涵。兩者在視覺上相似，也都是將女性視為展示品。但是，由於兩者的歷史環境有顯著的差異，使得「現代性」這個字並不能同時適用於兩者，事實上，加里亞諾的設計應該被放在後現代主義的架構下分析。由於兩個時期皆包括了快速的科技變化與不穩定的社會，因此可以並列比較。雖然如此，但是兩個時期在變化與不穩定的形式上，還是有著根本的不同，因此還是可以分辨出兩者的差異。當代的時尚產業走在時代的尖端，不管在歷史紀錄或市場獲利方面，都具有開拓性的指標意義，它同時具有兩種特質，一方面瞻前（焦慮地）、一方面顧後（懷舊的）。加里亞諾是此潮流的前人之一，他的作品將各種矛盾與衝突的意象巧妙地融合，因此他的作品可說是整個大文化潮流的重要指標。

約翰‧加里亞諾：1990 年代

　　約翰‧加里亞諾為 1998/99 年秋冬季 Dior 所設計的服裝秀，名為「一趟迪奧東方特快車的旅程」，又名「寶嘉康蒂（Pocahontas）公主的故事」。展出地點在巴

黎的奧斯德利茲站（Gare d'Austerlitz），模特兒坐在蒸汽火車上出場，而觀眾則坐在覆蓋著沙子的月台，並用

約翰‧查普曼（John G. Chapman）在 1613 年所繪的《寶嘉康蒂的洗禮》（*Baptism of Pocahontas*），是一幅用以表現新大陸移民與印地安人相互關係的創作。

The Fashion Business
時尚經濟

大型的銅製香料盤佈置，讓整個場景看起來就像一個東方的香料市集。當觀眾坐在天篷下，身邊圍繞著棕櫚樹、古意的 LV 手提箱以及摩洛哥燈籠，飲著香檳和嚐著土耳其甜點時，火車駛進月台，一個打扮成寶嘉康蒂公主的模特兒，衝破火車前面的橘色紙牆進場；只見火車終於停下，下來了一車的模特兒，身穿印地安服飾與十六世紀歐洲服飾。整個舞台的表現與大多數的服裝都極為壯觀。媒體報導對此服裝秀大多持批判的立場，他們認為這場服裝秀的表演性與戲劇性，勝過了時尚設計本身的重要性。

「迪奧東方特快車」的名字被印在火車車體的一邊，適切地暗示了加里亞諾對東方文化的偏好，整場服裝秀融合了不同文化、不同陸地與不同世紀，呈現出時空交錯的效果。雖然「迪奧東方特快車」可能是加里亞諾最極致表現華麗的一次，但絕對不是唯一的一次。其他的時裝表演，有的是將郊區的體育館變成有 40 尺高的杉木林；有的是將巴黎歌劇院變成英國花園，讓攝影師進場時都可以拿到草帽；有的是將巴黎的藝術品官方放置地點羅浮宮，變成煙囪管布滿天空的曼哈頓屋頂的景致，這些大多是由珍–路 · 阿多恩（Jean-Lue Ardouin）所設計。在每個時裝秀中，加里亞諾喜歡將空間加以改造，他的手法是：去除空間原本的真實特性，然後加入他自己的幻想。

由右至左：南西 · 寇南、蓋比 · 戴斯雷、麗安 · 鮑居、薩妲 · 芭拉。

在加里亞諾那場驚天動地的服裝秀之後，往後的每場服裝秀都有令人驚奇的效果。例如，在之前提到的作品裡，寶嘉康蒂公主在巴黎巧遇了華勒斯‧辛普森（Wallace Simpson），然後設計她自己的服裝（包括編珠風格的服飾），並帶回到她的部落去（1996 Dior A/W）。或者，在「蘇西人面獅身」（Suzy Sphinx）中，一個龐克族的女學生，成天做著登上大螢幕和到古埃及的夢，在服裝秀中，她從英國的女校穿越埃及，被帶到好萊塢去，在那裡變成電影中的埃及豔后克麗奧佩特拉，坐在金碧輝煌的寶座上，穿著一件完全用金色胸針設計成的服裝（1997 Dior A/W）。

加里亞諾第一個在 Dior 展出的作品，將馬賽族的編珠技巧和服裝歷史，徹底展現在長達 410 公尺的長禮服上。加里亞諾在這個時期的設計路線，展現他對遙遠而廣泛的歷史研究的興趣。加里亞諾他自己也曾說過：「這是個非常印象派的方式。這是過去與現在的對話。起始點通常是真實的，但我們讓創造力天馬行空。故事總是在不同的時間點改變。有些事情先在我腦海醞釀，然後我們再開始加以渲染。」有時候他的設計是由不同文化的基調拼貼而成，讓他們互相衝突。例如將印度大郡主的珠寶和羽毛飾品，與緬甸人脖子上的項鍊，以及非裔加勒比海人的辮子融合在一起，而模特兒則是呈現巴黎風格、看起來像幽靈般焦躁。有一陣子他將不同時期和文化的參考元素和基調併入，使之成為單一大融合。他的作品總是將日本意象與德國威瑪共和國、早期電影，以及美好時代等意象融合在一起，或將帝國時代的意象與馬賽族的編珠風格混合在一起。

在他融合文化和歷史的過程中，加里亞諾加入了一種特別不同的元素，也就是真實歷史人物的意象和靈感。他對那些引人注目、違背社會風俗、或有異國容貌的女人特別感興趣，例如愛德華時代的女演員、妓女，以及財務獨立的女性等。在他的作品裡，包括有錢的膚淺女人：如南西‧寇南（Nancy Cunard）和瑪契莎‧卡沙提（Marchesa Casati）、或波希米亞人：如米希亞‧塞特（Misia Sert）、既是畫家模特兒又是放蕩的女人琪琪‧蒙巴納斯（Montparnasse）、既是演員也是妓女的蓋比‧戴斯雷（Gaby Deslys），

以及著名的妓女麗安‧鮑居（Liane de Pougy）。這些女人混和著藝術與電影的意象，例如博爾第尼（Giovanni Boldini）、薩爾金特（John Singer Sargent）、詹姆斯‧提梭（James Tissot Tissot）畫中的女人，以及女演員克勞黛‧考爾白（Claudette Colbert）、薩妲‧芭拉（Theda Bara）、葛羅莉亞‧史璜森（Gloria Swanson）、瑪蓮‧黛德瑞希（Marlene Dietrich）和伊麗莎白‧泰勒（Elizabeth Taylor）等，以及在 1930 年代伊凡第夫人（Madame Yevonde）鏡頭下具英國貴族氣息的女人。加里亞諾將這些充滿銅臭味的意象，與過去的大眾文化混合在一起，例如高貴的國王與皇后、下地獄的天使，以及自 1930 年起流浪到南義大利的馬戲團團員。他的作法其實來自於之前的時裝風格，包括 1920 年代瑪德蓮‧凡奈特（Madeline Vionnet）設計的青少年服裝的不對稱剪裁法（bias-cut），以及 Dior 自 40 到 50 年代的作品集等。除此之外，加里亞諾還交雜了其他的意象，包括紋身的薩摩亞女人、亞洲的珠寶、非洲的串珠、印地安人的編織毯；並且將歐洲文化底下的東方人物混雜交織在一起，例如蘇絲黃（Suzie Wong）和蝴蝶夫人（Madame Butterfly）。加里亞諾將歷史與文化相互混合的現象，不難從他的日記、作品手繪本中發現。亞曼達‧哈雷克（Amanda Harlech）在加里亞諾 1984 年到 1996 年之間擔任他的得力助手，這些手抄本目前都由亞曼達‧哈雷克保管。而自 1997 開始之後的部分作品，被重現在柯林‧麥克道威爾（Colin McDowell）名為《加里亞諾》的書。對於過往視覺所及的細節，加里亞諾的眼光既精確又廣闊，而他對歷史、風格與文化的融合，也表現得極具創造力，讓人難以想像如果加里亞諾沒有把過去曾經存在的意象，運用在他的

左起：克勞黛‧考爾白、瑪蓮‧黛德瑞希。

服裝視覺效果中，結果將會是如何。更獨樹一格的是，他將各種不同元素，如萬花筒般地融合成一個單一的形象。

　　無論是以加里亞諾自己為名，或是以 Givenchy 與 Dior 首席設計師為名的時尚秀，加里亞諾在 1990 年代推出的服裝秀，都具有極度華麗壯觀的戲劇化風格。這些壯觀的呈現方式在 1990 年代後期變得規模更大，只要是加里亞諾的時裝秀，都具有高度的戲劇性。1984 年，也是他在聖馬丁學院（St. Martin）就讀的最後一年，他在倫敦國家戲劇院擔任服裝師，當時在倫敦國家戲劇院裡演出的戲劇《丹敦》（Danton），對他的畢業作品「不可思議」地（Les Incroyables）產生非常深遠的影響。加里亞諾作品裡的戲劇化表現手法，也可能是因為他在 1980 年代早期至中期，對倫敦俱樂部的文化產生的興趣，那時人們必須藉由不同的服裝與化妝，不斷改變自己的外貌，才能夠進入俱樂部。

博爾第尼 1908 年所繪的《與灰狗的瑪契莎‧卡沙提》。

191

The Fashion Business
時尚經濟

1990 年，加里亞諾移居巴黎，過著有一餐沒一餐的生活。1993 年，他在十八世紀葡萄牙名流蕭‧舒藍伯格（Sao Schlumberger）的豪宅裡面，發表了一個小型但極具影響力的作品。空蕩蕩的房子正待價而沽，在這樣的空間裡，他創造出一種浪漫而衰老的氣氛，裝飾以枯黃的落葉與玫瑰花瓣、凌亂的床和椅，乾冰瀰漫整個房子。1995 年 7 月，他被任命為 Givenchy 服裝部門的首席設計師，並在 1996 年 1 月推出了他的第一個時裝秀；在加入 Dior 擔任首席設計師前，他也發表了兩個成衣服裝系列。加里亞諾在 Givenchy 的時候，在一場服裝秀中創造了一個公主和豌豆的故事情節，讓兩個模特兒坐在 20 英尺高的一堆墊子上裝扮自己。一年後，也就是 1997 年 1 月，他推出在 Dior 的第一個時裝秀，他大膽地在巴黎大飯店搭設一個假的服裝屋場景：搭造一個和原本 Dior 展示間一模一樣的展示間，包括考克多（Jean Cocteau，法國詩人）和黛德瑞希曾經在 1950 年代觀賞 Dior 時裝秀時坐過的樓梯間。如同他在 1993 年由舒藍伯格贊助的時裝秀一樣，加里亞諾編織了一個神話，將微不足道的元素變成話題。

之後，有了高級時裝公司作為後盾，加里亞諾才得以創造出規模更大於以往的時裝秀。他漸漸地開始增加更多的戲劇技巧，

攝影師伊凡第夫人鏡頭下的女性，都呈現一種雍容華貴的貴族氣息。

例如將伸展台的燈光改成劇場燈光、並在演出三天前仔細彩排。每個模特兒每場秀只穿一套服裝，以免因為快速更衣而造成混亂（其他設計師的時裝秀就是如此）。過去模特兒自伸展台上走下來的走秀方式也被改變，取而代之的是，走過一個又一個具有不同場景的房間，彷彿以電影劇情串接整個故事，讓人聯想到 1993 年在舒藍伯格豪宅裡的時裝秀。加里亞諾自己形容：模特兒讓整間房子從頭到腳都活了起來，就像是舊時代社交名流的沙龍聚會。觀眾被分別隔離成小群組，坐在這些房間裡頭，比以往時尚秀的安排看起來感覺更遠更小，但更靠近衣服了。而這些模特兒表演前，都在加里亞諾親自指導下採排，他要她們在走過不同房間時，要融入房間場景的感覺，然後用誇大的態度與姿勢，將每個房間的特色表演出來，讓自己成為「活布景」（tableaux vivants）。

詹姆斯·提梭的《美女與日本艦船模型》，繪於 1869 年。由此可以看出異國文化跟文化社會交相激盪的境況。

夢幻世界：從 1852 到 1900 年

自從巴黎的廉價百貨（Bon Marche）於 1852 年開幕，1855 年羅浮宮開館，1865 年的春天百貨和 1869 年的聖瑪單瑞百貨（La Samaritaine）陸續開幕後，百貨公司因為在銷售與展示方面，有了新技術的挹注，而迅速成為一種戲劇性的消費場所，櫥窗變成令人驚艷的展示場，店裡的商品

也都經過精心安排，例如雕刻的花、城堡和船等。展示的物品包括非當季的花、關在籠子裡面的鳥類，甚至到後期還出現電腦控制噴灑的噴水池。電氣化的燈光表現也更讓場景如同仙境般。除此之外，百貨公司常以劇院和展覽的方式，將東方場景融入，例如找來舞者在栩栩如生的土耳其後宮、開羅市集或者是印度神殿表演、播放東方音樂，以及展示東方商品等。

羅瑟林‧威廉斯（Rosalind Williams）在《夢幻世界》一書，曾經描述到，在十九世紀，原本只是商品交易場所的百貨公司與世界博覽會，被包裝成充滿誘惑的夢幻世界，消費者在這個奇幻夢境裡迷失了自己。在這樣的展示方式中，百貨公司的東方場景雜亂地將不同文化和社群的商品，混雜在一個夢幻的市集裡。這種情形一直持續到十九世紀下半，百貨公司甚至運用最新的光學與攝影技巧，營造出電影似的景象，不但可以創造異國旅遊的假象，甚至把場景搬到氣球上、海面上、月球上。

就在同時，巴黎也分別在 1855、1867、1878、1889 和 1900 年舉辦了許多國際性的展覽會，也誠如百貨公司展示的風潮一般，展覽會也創造出異國風味的假象。例如在 1900 年的那場展覽會，三十三個主題中就有二十一個和到遠方旅行有關。在「世界之旅」博覽會中，屋頂覆蓋著一整個圓形巨大帆布的全景畫，如同當時一位

十九世紀後半到二十世紀初，日本美術席捲全西歐美術界達半世紀。莫內於 1868 年繪製的《詩人左拉》，在拉身後牆上掛著一幅日本浮世繪。莫內於 1876 年繪製的《日本姑娘》，可看出日本美術當時的影響。

記者所描述的，「沒有一致性或連續性，從西班牙、雅典、君士坦丁堡、蘇伊士運河、印度、中國到日本……雅典衛城就在土耳其黃金灣旁邊、印度的森林幾乎沐浴在蘇伊士運河裡。」在每一個國家的攤位前面，一些代表各國的「本地人」就在他們自己國家的畫前面跳舞或弄蛇。在完成環繞世界一周之旅後，參觀者可以到透視館去欣賞模擬到月球的旅程。參觀電影館的人則可以在電影技術的協助下，在一個固定的位置上，讓景象在眼前移動，任由想像奔馳，暢遊海平面或熱氣球之上。而會動的全景畫則是讓法國到君士坦丁堡的航海旅程再現，從帆布的全景畫、聞得到鹽巴的空氣、舒服的搖擺，並播放著途中經過國家的各地音樂。當時有人形容，音樂讓人在不同國家航行時彷彿身歷其境，開航時可能感到憂鬱，但不久便變成了非洲的阿拉伯人，之後是維也納人，最後則變成土耳其人。到了夜晚，1900 年的展覽會一樣精采。電氣操控的噴水池令人目不暇給，也可以在人工布置的開羅夜市裡觀賞肚皮舞。

辯證的意象

在十九世紀百貨公司以壯觀和夢幻式的場景，培養、訓練與鼓勵了女性消費的習性，就如同大型的展覽會提供了一般大眾一個奢華的消費幻想。這些和 1990 年代加里亞諾的時尚秀場景一樣令人矚目，它們都吸取

了戲劇與電影的幻想元素,而達到令人震驚的效果。如同在十九世紀幻想變成真實,加里亞諾在1995年春夏時裝秀中,讓攝影棚變成像是一個私密的地方,讓模特兒在古董車旁扮演1910年到1950年代的歌劇女高音,讓人如置夢中。儘管加里亞諾充滿誘惑力與廣告效果的奇幻時裝秀很具創意,但奇幻意象與商品文化第一次被連結在一起,則是發生在十九世紀。在加里亞諾的設計中,他將許多不同的文化元素堆疊在一起,就像十九世紀巴黎百貨公司與展覽會上展示的商品一樣,把巴黎名貴奢華的形象注入自己的設計中。艾蜜麗・左拉(Émile Zola)曾經寫過一本關於1860年巴黎百貨

公司的小說《女人的天堂》(*The Ladies' Paradise*),裡頭就描述到櫥窗裡的女性模特兒穿著奢華精緻,並且提到其服裝材質正是加里亞諾為 Dior 設計的材質:名貴的蕾絲、狐狸毛邊的天鵝絨、用西伯利亞松鼠毛織成的絲、喀什米爾羊毛和羽絨服飾、天鵝絨與繩絨線織品(飾邊用的絨線)等。

默片時代的萬人迷葛羅莉亞・史璜森。由於大眾媒體的興起,時尚與各種流行文化從電影、廣告等媒介,迅速深入社會,帶起無可抵擋的時尚風潮。

十九世紀百貨公司的休息室和頂樓花園有藤蔓涼亭、動物園和溜冰場,明顯和部分加里亞諾的服裝秀場景相似。在百貨公司裡,顧客走動到哪裡,奇幻世界就跟到哪裡。現代時裝秀就扮演著和百貨公司一樣的角色,不同的是這些觀眾坐在台下,而表演如同全景畫呈現在眼前。在時尚秀裡面,觀眾被燈光、效果、火焰等弄得目不轉睛,這或許比較類似展覽會上的

世界一周遊。在 1990 的時裝秀中，加里亞諾巧妙地融合色彩、文化和音樂在他的表演中，十九世紀世界博覽會上出現的開羅肚皮舞孃和安達魯西亞吉普賽人，也同樣出現在加里亞諾的服裝秀中。加里亞諾的時裝秀在融合歷史和跨文化意象的這部分，與過去的夢幻世界只有某些細節的不同，整體效果則沒有兩樣，因為他用拼湊歷史與拼貼文化的技巧，將不同的文化與地域融合在一起。這與 1900 年巴黎世界博覽會中的世界之旅極為相似，在展覽會中，印度古塔、中國寺廟、回教清真寺連接在一起，因為雜技演員及日本藝伎的表演而栩栩如生。加里亞諾時裝秀與十九世紀展覽會營造出來的效果，都是透過創造奇幻的方式，加入與處理歐洲以外的文化。

瑪莉・安東尼皇后在當時就是貴族衣裝潮流的帶動者。當代許多知名設計師都從她身上找到設計的靈感。

1900 年的博覽會是第一個展現當代時尚的場所，電力帶來的充足照明、透明櫥窗裡穿著設計師服裝的蠟像模特兒等等。在時尚藝術館（Pavillon de la Mode）裡，展示著三十套歷史服裝，包括戴著后冠的皇后提奧多拉（Empress Theodora）、巴伐利亞等待騎士大會的伊麗莎白女皇、黃金服飾區、在行宮裡面的瑪麗・安東尼（Marie Antoinette）等。這些關於時尚歷史的展覽，與拜占庭帝國、中古世紀女性、十八世紀皇后等景象並列，藉由華麗的服裝，這些不同文化的人像表現出一種連貫性，消弭彼此間顯著的歷史差異。加里亞諾對歷史意象的拼貼也有一樣的效果。在 1900 年的博覽會上有二十家高級

詹姆斯・提梭在 1878 年所繪的
《巴黎的時髦女人：交際花》。

品牌參展，包括渥斯（Worth）、羅芙（Rouff，1884 年建立）、佩琴（Paguin，1891 年建立）、卡羅‧索爾（Callot Soeurs，1896 年建立）等。在展覽會中，現代社會由各種不同的社會生活來表現，例如「歌劇中的啟程」，或是「渥斯的試衣間」等場景。這些展示的風格在 98 年 Dior 春夏展的成衣服裝秀中又重現了：在內有當代家具與大鍵琴的古典華麗房間裡，模特兒打扮成好萊塢 30 年代剛嶄露頭角的小演員，這些模特兒營造出來的生動畫面，讓人想起 1900 年代的展覽會上，在透明櫥窗後面的臘像模特兒，因為她們都穿著華麗而誇張的高級時裝。

在同一季的另一場 Dior 服裝秀中，加里亞諾創造一個巨大而擁擠的熱鬧場景，裡頭滿是五彩碎紙和許許多多的人，那是一場永無止盡的幻想嘉年華會。但這個熱鬧的幻想嘉年華會，與十九世紀末期巴黎國際博覽會上人潮擁擠的景況並不相同，因為參觀世界博覽會的都是社會中低階級及藍領階層這樣的人物，那些人通常只買得起門票、卻買不起昂貴的商品，對他們來說，博覽會讓奢華變成了一種奇幻的意象。加里亞諾的這場時裝秀，在費盡心思的安排以及對細節的注意方面，也許和于斯曼（Joris-Karl Huysmans）在 1888 年發表的小說《逆流》（À Rebours）有更多共通點。在這本小說中，時髦講究的男主角埃聖提（Des Esseintes）編造了一個夢想，和他認為是夢魘的大眾消費文化形成對比。羅瑟林‧威廉斯（Rolalind Williams）指出，《逆流》製造出一個十分誘人的夢幻世界——精心設計的華麗、幻想出來的美麗、自我欺騙的愉悅、諂媚的神祕感。這些都可以被視為是服飾時尚秀的誘惑，而服裝秀總是費力和大眾市場做出區隔。威廉斯繼續指出，墮落（decadence）很難與大眾消費畫清界線，因為墮落與大眾消費一樣，都有一種想要超越他人的慾望，但卻又譴責那些追隨在後、追求新潮的跟隨者。這兩者都注定要失望，因為它們都對物質世界有太多期待。

對喬治‧西梅爾（George Simmel）來說，世界博覽會的美學呈現出一種現代感，其中被強調的時尚感加深我們對時間的意識，而新舊歷史交錯所產生的愉悅感，則帶

給我們一種強烈的現代感。二十世紀後期的時尚秀,藉由精簡的戲劇表現(通常不超過三十分鐘),混合拼貼歷史的主題與片段,也帶給我們相同的愉悅感。麥克·菲樂史東(Mike Featherstone)指出,西梅爾和班雅明兩者都點出了一個現象:

　　透過建築、廣告看板、商店裝飾、廣告、包裝、與街頭標示,都市景觀變得愈來愈美麗與令人著迷。而穿梭在都市中的人們,穿著時尚服飾、梳著時尚髮型、畫著時尚的彩妝,並且用某種時尚風格的方式來妝扮自己,這樣的景象讓都市看起來更加迷人。

　　這種迷人丰采與時尚風格,在二十世紀晚期超現實的時裝秀中又被重現。

　　華特·班雅明寫到,「每個不被現在認可的過去的印象,都免不了面臨消失的威脅」。藉由將二十世紀晚期的意象和十九世紀中到晚期的意象做一比較,我想整理出班雅明所謂的「辨證的意象」,這些意象不只是簡單的比較而已,而是將過往與現代的各種主題,重新拼貼成一個複雜的歷史畫面。對班雅明來說,過往與現代意象之間的關係,就像電影裡的蒙太奇手法。蒙太奇手法的主要原則是將兩種意象並列產生第三種意義。班雅明認為,這種關係是一種辨證,其中心思想就是,過往與現代是一種對照,在過往與現代的意象擦出火花後,形成一種辨證的意象,而這種辨證的意象會進一步轉化過往與現代的意象。

　　和過往意象激盪出來的辨證意象,在現今可被視為是真實的意象。雖然並非完全真實,但是其短暫地存在人們的觀感中,造成令人震驚與生動的認可意象。這並非過往裝飾現代,或是現代裝飾過往那麼簡單,而是這兩個意象形成一個重要群聚,並追溯出其隱含的關聯。班雅明曾經指出其中重要的特色(或許有人會説重要的比喻),十九世紀巴黎的辨證意象包括了妓女、時尚本身、商品與商場。這正是我現在所要討論的主題:這個時期的女性身為展示品與現代化之間的關係。

現代化和女性展示

　　十九世紀下半，巴黎在拿破崙三世（Napoleon III）和奧斯曼 （Baron Georges Eugene Haussmann，都市計畫專家）的規畫下大量改建，蛻變成我們今日所熟悉的城市，並且繼續發展著「展示的城市」，而這個展示的城市至今仍然是當代時尚秀中的重要意象，這是我先前一直提到的觀念。在巴黎重建後，寬廣的空間與公園取代中古世紀的舊行政區。在工業化的影響下，都市化帶來了大量的消費。巴黎逐漸變成生產和銷售奢侈品的城市，公園和廣場變成展示與遊行的新據點。歐斯曼的重建城市打破了巴黎勞動階級原本居住的舊社區，創造了新的、工業化的市郊區域，並產生新的市郊居民，而這些新的市郊居民則持續地向巴黎遷移。新興的服務業如雨後春筍般出現，提供女性新的工作機會，例如女服務生、店員、裁縫師、洗衣女、理髮師、侍者和女商人等。很多女人都是第一次到巴黎，完全沒有親人和朋友的幫忙。在這個沒有舊時代社會階級、充滿了不確定的新城市，人們如果有錢治裝，就可以偽裝成她們想變成的任何形象。表象充滿意義，時尚和服裝變成表現自我非常重要的方式。

　　華特‧班雅明所研究的巴黎商場（The Parisian arcades）始於十九世紀上半時期，當時進駐了許多奢侈的商店與俱樂部，之後妓院也加入，為巴黎和法國第二帝國創造了一個消費典範。十九世紀下半，百貨公司扮演了重要的角色，讓中產階級女性可以藉由消費得到自我的認同。百貨公司提供中產階級女性閒逛、溜達、享受、思考與觀賞的機會，讓逛街變成閒暇之餘的活動，就像波特萊爾（Baudelairean）在他的書中，提供給男性遊手好閒者（flaneur）一樣的自由空間與機會。珍奈特‧沃爾夫（Janet Wolff）曾經指出，百貨公司讓女人有成為遊手好閒者的機會。美加‧納芙（Mica Nava）也指出，現代化給了中產階級女性一種在混亂渾沌的城市中一種家的感覺，她們變成了現代化的主體與受體。納芙又指出，現代化並沒有像珍奈特‧沃爾夫所說的那樣，將中產階級女性屏除在現代化的空間之外，就像研究現代化的歷史學家將女性屏除在

The Fashion Business
時尚經濟

現代化的故事之外一樣。對納芙來說,男性和女性在現代化過程中一樣重要,因為兩者在符號意義上都具有不確定性。服裝不但象徵「階級」,也象徵「選擇」與「身分」,納芙表示,「女人在這些象徵分類的發展過程中,扮演了極重要的角色。」

十九世紀的巴黎給了中產階級女人新的機會,讓她們可以購買時尚商品,十九世紀的巴黎同時也是當代高級時尚的發源地,也就是高級時裝業(haute couture)的發源地。在當時(目前也是),這是女性專屬的服裝類別(到目前為止,並未出現高級男裝)。雖然儘管相較之下只有極少數的女性可以擁有這種高級女裝,但漸漸的,對不同階層的消費群來說,這種服裝變成了一種時髦的時尚性消費。儘管時尚性消費的地點主要在百貨公司或高級時裝店中,但這種消費方式讓各階層的女性更有想像力,藉由購買服裝,讓自己打扮成想像中的形象。漸漸地,十九世紀的「夢幻世界」變成女性展示的象徵,連結時尚與城市,表現出來的是巴黎的時尚女性、商店店

十九世紀下半,中產階級女性可自由在都市中閒逛、享受。圖為詹姆斯.提梭繪於 1865 年的《春天》。

員、女侍者、女商人、妓女，甚至是商店櫥窗裡頭的假模特兒和雕像。在 1900 年的博覽會上，在協和廣場的主要入口處有個紀念拱門，頂端有個 15 英尺高的彩色石膏雕像「巴黎姑娘」（La Parisienne），該雕像的服裝是由帕奎因（Paquin）所設計。之後，雕刻家莫洛—凡色（Moreau-Vauthier）專門製造以巴黎時尚女性為對象的銅製小雕像，這些小型雕像通常穿著帕奎因設計的服裝，被展示在巴黎的時尚沙龍裡。然而，當原始的雕像在 1900 年揭露時，其服裝和舉止暗示的淫穢形象，受到各界的揶揄與惡意的攻擊。這些反應凸顯了女性場景在這個時期模糊和不穩定的關係，特別是時尚女性和妓女、女演員之間的界線鬆動了，也證實納芙所言，展示時尚並不是一個穩定的意象。有

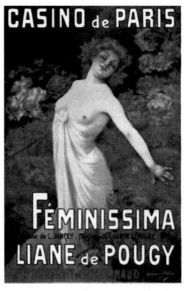

麗安·波姬，十八世紀末、十九世紀初巴黎最有名也最受爭議的「女神遊樂廳」的歌舞女郎兼交際花。圖為她在巴黎酒店演出的宣傳海報。

人也曾在二十世紀較晚期，將這樣的關係和安戴思·胡森（Andreas Huyssen）提出的想法連結，認為女性主義是大眾文化的架構。

　　對女性來說，現代化特別具有兩種意涵，就像心情愉悅和精神錯亂、自主和客觀是一體的兩面一樣。當中產階級女性安全愉快地在百貨公司逛街時，上班的女性卻正遭受上司的要求與壓榨，此時，時尚意象的不確定感對她來說，既是優點也是缺點。除此之外，在都市擁有工作的女性，若沒有家人的經濟支援，其生活往往很拮据，很多人因而被迫賣淫維生。安東·科賓（Anton Corbin）指出，隨著巴黎的現代化，賣淫的風氣逐漸由暗轉明並且氾濫，這也成為城市的奇觀。和世界博覽會及百貨公司的櫥

窗一樣，妓女和也如同商品一樣展示自己。在 1990 年的巴黎博覽會上，這種關聯更顯明確，巴黎的街道變得很戲劇性，商品在此聚集展示，爭相吸引人們的注意力。早在 1880 年，科賓就曾提出，「妓女已經變成女性奇觀。她們在高級的咖啡館裡、音樂廳、酒店，以及行人道上展現自己，以第一眼的視覺性感吸引人們。」

此外，科賓也說明了，為何在妓院裡，性交易變得如此精心安排與戲劇化。性交奇觀如戲劇般的表演，使用巨大的旋轉桌，布幔、鏡子、牆上的雙筒望遠鏡取代簡單的窺視孔，性交易變成更多樣化的表演。之前是貴族才能享受到的表演，如今則是中低階層就能觀賞的奇觀。當時媒體對於妓院華麗場景的描述，就如同對百貨公司的描述一樣。這些妓院也會更新裝潢，以展現各種不同的場景：如歌劇院、東方風味的景致、沙龍、和電氣化的仙境。對波特萊爾來說，妓女是現代化的重要象徵，因為她們既是商品，也是商人。就「辨證形象」來說，妓女同時融合了商品的形式和內涵。雖然，班雅明對女人的評價或許顯現出他的矛盾心理，但這些評價卻也都反映了十九世紀在女人、商品及消費行為等議題上的模糊立場。

這種模糊性首先披露在當時的前衛畫作中。在描述女性命運的畫作《墮落的莎樂美與朱迪斯》（*Salome and Judiths of the Decadence*）中，畫中人物的慾望和擔憂交織，種種奇幻的景象顯現出，資本主義的主角，已從商品轉變成女人。柯林·麥道威（Colin McDowell）指

出，加里亞諾的作品，從 1990 年代中期以來，在充滿色慾的女性形象上，也展現出相同的模糊矛盾情結，例如鴉片窟裡的妓女、藝妓和女侍者。他以十九末、二十世紀初歷史人物作為華麗奇觀的主角，正好呼應了那個時期的模糊矛盾情結。加里亞諾在 Dior 97 年秋冬時裝上，重新塑造了「美麗時光」，並讓寇萊特（Colette）擔任模特兒。他在 98 年秋冬的作品中，表現了德國威瑪共和國時期，夜總會裡模稜兩可的性暗示。這些時裝秀顯示出，戰前的巴黎是一個充滿華麗與奢華的城市，而戰後的柏林則是一個衰敗的城市，並且是現代主義的印證之地。無論加里亞諾呈現出來的是歷史人物，或電影、藝術中的人物，加里亞諾在奇觀秀中讓女人充分展現性感魅力，凸顯了在現代化時代下，性、商業交易，以及時尚之間的曖昧關係。

從現代到後現代

在社會學和人文科學的領域中，有許多關於「現代」、「現代化」、「現代主義」的字眼。有些歷史學者認為，現代化的概念與工業化資本社會密不可分，兩者都是與先前社會體系分裂的結果，這些歷史學者用現代化這個字眼，來廣泛表示十六世紀中期歐洲在社會和文化方面的巨大改變。社會學家馬克思・韋伯（Max Webber）認為，資本主義源自新教徒的倫理標準，而現代化和理性化正是他們的核心價值，但這中間也存在著模稜兩可的灰色地帶。就因為這種模稜兩可的特質及其與前段歷史的斷裂性，引發了我對女性、時尚、現代化、城市與資本主義的研究興趣。但若要試圖追溯歐洲文化歷史，以在西方時尚與現代化之間，建構一個精確與結構性的關連性，這樣的方向並不在本章的討論範圍內（甚至超過我的能力）。這樣的方法還會建構出一個線性的歷史，與我的研究背道而馳。如我先前所說的，我採用的是華特・班雅明「辨證意象」的觀念，將十九世紀華麗壯觀的消費模式，與二十世紀末期的時尚秀做一個對比，以顯示古今歷史之間重新拼貼的景象。

The Fashion Business
時尚經濟

在整篇文章裡，我大量採用伊麗莎白·威爾森（Elizabeth Wilson）關於時尚與現代化的相關著作。儘管蘇珊·巴克－摩斯（Susan Buck-Morss）曾在她的書《看的辨證》（*The Dialetics of Seeing*）」中提到時尚的概念（此書虛構式地重建了華特·班雅明 1991 年發表的「長廊商場專案」），但是只有伊麗莎白·威爾森真正關注女性、現代化、時尚和城市之間的關係。威爾森指出，時尚和現代化是一體的兩面，因為它們都在同樣的時空背景下生成，這個時空背景就是：早期的資本主義社會。也正因為這種一體兩面的特質，讓我決定用「現代化」這個詞。它一方面包括了分裂、不和諧與疏離的意義，一方面又包括愉悅、興奮、以及追求時尚、體驗新鮮事與自我裝扮的樂趣。這個雙面特質在現代的女性展示中特別明顯。波特萊爾在他的書《現代生活的畫家》（*The Painter of Modern Life*）中指出，十九世紀巴黎的現代化經驗是「短暫而難以捉摸的意外」。這個想法後來在喬治·西梅爾關於「精神衰弱症」的討論，以及班雅明所提出的「震驚」的概念中，都有進一步的發展。西梅爾認為，時尚和破碎的現代生活有關，並且進一步討論現代生活所引發的精神衰弱症（精神衰弱症是隨著大都會的發展而造成的過度興奮與緊張）。他將時尚與中產階級和城市連結在一起、也讓時尚與日常大小瑣事的風格產生連結（對他來說，這就是德國藝術風格運動 Jugendstil movement）。他也指出，藝術、時尚和消費文化之間有密切的關係，這種關連性在 1990 年代重新成為討論的焦點。班雅明所提出的「震驚」概念，和波特萊爾描述他自己在巴黎的生活時，所提到的「審美現代性」（modernite）這個概念相關。對班雅明來說，「現代化城市具有震驚、慌亂、生動等特質，而這些特質的主要形成原因，是因為它打破了傳統的社會型態」。二十世紀末期，工作、休閒、以及家庭等社會型態都經歷了大幅的改變，人們當然也可以在這些改變中找到上述學者所提出的相似特質。十九世紀，隨著巴黎人口大量往城市遷移，家庭結構逐漸式微，這也是十九世紀現代化城市的特徵之一。

西梅爾和班雅明兩人都暗示了新觀念與舊時代的不合，這也可以說是二十世紀最後二十年的特徵。賀爾·福斯特（Hal Foster）表示，波特萊爾所謂的「震驚」，在

今日社會指的就是電子化的發展，他寫到，我們對種種奇觀場景以及因為科技帶來的心理震撼而感到震驚。福斯特所要提出的問題是，電子化所帶來的震驚，和班雅明所謂的震驚截然不同嗎？還是過去的歷史仍然影響著現在的生活。波特萊爾、西梅爾和班雅明都曾經討論工業化對都市人口的影響；而二十世紀末期的最重要發展，就是資訊革命，這場革命始於三十年前第一顆人造衛星發射升空，並在最近的五到十年之間，隨著電子化與數位化溝通工具的問世而快速發展。

法國象徵派詩歌的先驅、現代主義的創始人波特萊爾。

雖然這場技術革命的影響，和十九世紀發生在巴黎的工業化革命所造成的影響不盡相同，但它也和十九世紀的工業化革命一樣，產生了社會的動盪和改變。最重要的是，資訊時代的興起已經產生了一個相對更為分裂的感官與社會常規。在十九世紀令人興奮的夢幻世界中，其商品、意象以及身體的概念不斷改變，到了二十世紀末期，這些概念都已被快速變化的符號與意象所取代。雖然現代的經驗往往來自於傳播工具及新科技、而非來自工業，但兩者都經歷了快速的轉變，也都說明了時尚在其中所扮演的重要角色。時尚本身就是快速的變化，並能在變遷的時代中表達現代情感。的確，蓋里斯‧利文斯基（Gilles Lipvetsky）指出：

　　時尚的不確定性，讓我們更能靈活變通，因此現代的時尚是社會自行再生的產物，並非如有些人所說，非理性且浪費的。……時尚讓人們變得社會化，讓人們可以改變自己，並面對永不停息的循環。……時尚所具備的活躍開放特質，正是一個社會在快速變遷過程中最需要的特質。

The Fashion Business
時尚經濟

　　大多數的後現代理論學者都認為，後現代是絕對和過去分裂的。但是，誠如我前面所描述的，也誠如李歐塔（Lyotard）在《後現代的狀況》（*The Postmodern Condition*）一書中所說的，後現代和先前的歷史還是有所關聯的。後現代主義只是現代主義的另一個階段與發展，並沒有和過去有明顯間隔。加里亞諾大量運用歷史人物與意象、將時空倒推回過往歷史的現代化風格，提醒了我們，過去的元素還是可以在現代社會中找到共鳴

華特‧班雅明。

點。他懷舊的設計召喚出過往時光的安逸與奢華，他呈現出來的歷史時刻，也如現代一樣，是一個變動的、不確定的、快速改變的時光，所有不變的事物彷彿都在變動，其中女人的意象則是被賦予高度的關注。一百年前，巴黎時尚女性是商品也是消費者，矛盾的是，在今日，在加里亞諾的作品中，這種意象仍然沒有改變。

　　儘管十九世紀與現代社會有這麼多相似之處，但兩者還是有一些基本上的不同，尤其是現代社會在營造意象的科技方面有所改變，而這個意象則進一步改變了現代的時尚型態，這種轉變體現在 Dior 和加里亞諾的行銷手法上（雖然他們都喜歡利用過往歷史來營造懷舊氣氛）。在當代文化（特別是時尚文化）中，意象扮演著重要而且多變的角色，也是加里亞諾的作品與十九世紀作品最不一樣的地方（不管他在設計的基調上，多麼喜歡採用歷史意象，他的作品還是和過去有明顯的不同）。雖然時尚意象過去一向是時尚服裝的附屬品，但兩者的關係現在已經逐漸改變，時尚變得既是一種意象也是一種實體，在 1990 年代巴黎和倫敦的時裝秀中，這樣的現象更是明顯。過去，只有極少數人能夠體會加里亞諾在時裝秀中所要表現的懷舊氣氛，大部分觀眾都只想坐在儘量靠近模特兒的位置，好看清楚服裝的每一個細節，1940 年代和 1950 年代的 Dior 顧客就是這樣。當時，許多人對 1990 年代的服裝比對 1950 年代的服裝更熟悉，因為 1950 年代的服裝通常是透過新興的視覺媒體傳布給社會大眾，包括雜誌、書籍、錄影帶、電視以及網路。

Dior 的加里亞諾和 Givenchy 的亞歷山大・麥克昆（Alexander McQueen）的作品不必出現在商店的櫥窗，只需透過意象的傳達即可。蘇珊・桑塔格（Susan Sontag）指出，在當代社會中，我們對現實的認知，來自於我們所接收到的意象型態與頻率。從十九世紀中期開始，人們不再相信意象所傳達的現實，相反的，人們只相信意象與假象本身。接著她引用費爾巴哈（Feurebach）1843 年的觀察，他提到：「我們這個時代寧願採信事情的意象、模仿的東西、重現的真實、以及事物的表象。」

　　雖然新科技改變了我們接觸意象和意義的方式，但許多營造意象的技巧，特別是在銷售和行銷上，還是提醒了我們，這些技巧源自於在十九世紀的巴黎。不過，這其中也有模糊地帶。現代社會雖然重新強調意象的重要性，但我們在其中還是可以看到過往歷史的影子。加里亞諾幫 Dior 設計的金屬圓片羽毛裝，不僅在外貌上仿古，更顯露出更深層、更結構性的歷史相似性。如果兩者有相似點，那個相似點就是十九世紀現代化城市（特別是在巴黎中）壯觀的消費模式，在那樣的城市中，女人往往是這個消費奇觀的女主角，她們是在百貨公司逛街的中產階級消費者，也可以說是一種廣告女郎。女人，就像意象一樣，是一個不確定的符號。

　　如果兩者有不同之處，那就是 1990 年代的奇觀轉變成單純的意象。以往表演都是關起門來的，數量也不多。在十九世紀，在高級時裝秀中不會有奇觀的表演，要參觀月球或遠東風情，只能到電影院或在畫廊才能看得到。現在，奇觀已經成為一種表演方式。印刷和電子媒體取代了世界博覽會，人們也藉由視覺媒體（雜誌、報紙、電視、網路與電影）消費種種奇觀。假如科技的進步可以提供更高品質的圖片，那麼未來的時尚攝影也會數位化，而軟片將被淘汰。攝影師可以將影像授權給雜誌，並且透過電腦將影像傳輸給他們，這讓類比複製技術變得過時，這種消費方式也許最適合只透過意象、而非實體消費的時尚物品。高級時裝永遠不會出現在商店裡，而是以幻想的意象型態出現，因此，時尚秀的角色開始改變，成為服裝曝光的主要管道。高級時裝再也不需要賣給顧客，因為作品

都會在時尚秀的前幾個星期銷售一空，這些服裝就像是個鬼魅的奇觀，可以藉此看穿設計師的心思，並抓住一閃即逝的意象。這種現象引發了桑塔格的論述，她表示：「當一個社會的主要活動是在製造與消費意象時，這個社會就變得現代化。」

不過，這些時尚意象並不是隨意流動的符號，而是一組互相形成符號網絡的一部分，而這個符號網絡則形成一個更大的「奇觀社會」。

在 1990 年代，一位英國的時尚記者莎莉・班布頓（Sally Bramption）形容加里亞諾為「最偉大的 3-D 意象創造者」。班布頓認為，參加巴黎時尚秀的人數倍增，加里亞諾必須為這種情形負起部分的責任。她將巴黎時尚秀形容為「一種媒體營造出來的狂熱，因為全世界的報章雜誌和電視台都不斷大肆報導時尚相關的訊息」。這些時尚意象並未出現在一些冷門的藝術領域，而是一種商業與行銷策略。巴黎時尚設計菁英學校 IFM（Institute Francais de la Mode）教授史戴芬・韋格（Stephane Wagner）在 1997 年提到：

如果高級時裝的目的，在取得最多的媒體報導（不管是好的或壞的報導），那麼愈精采的奇觀時尚秀與服裝呈現，愈能達到這樣的目的。從這個角度來說，英國是目前做得最好的。

雖然傳統上巴黎是奢華的中心，但倫敦在奇幻意象的呈現上則是領先群倫。這有一部分來自於英國的藝術與設計教育，也有一部分是因為英國相對上比較缺乏時尚方面的基礎建設，因此年輕設計師離開學校後必須自力更生，創造出更誇張的奇觀時尚秀，來吸引媒體與買家的目光。對他們來說，維多利亞時代的前輩們創造出消費的商品，而奇觀時尚秀則是「以戲劇表演為名、行資本主義之實」，更實際地說，這是他們找到贊助商的方法。在極少數的情形下，這種作法也可以讓他們進入巴黎的高級時裝公司工作。因此，奇觀並不是在消費和服裝結構之外的機制，而是從消費及服裝結構中發展出來的東西，也就是一種「發聲的管道」。現在，新的科技和傳播方式，已經將奇觀延伸到一個新的視覺媒體領域。

第 10 章

瑞貝卡・阿諾

低調奢華：
打造極簡美學風格

Luxury and Restraint: Minimalism
in 1990s Fashion

　　美國時裝設計師馬可・賈伯斯（Marc Jacobs）的服裝展現出 1990 年代的極簡美學：簡單、優雅、節制。馬可・賈伯斯 1998 年的春裝包含了一系列大方簡單的單品：軟質小巧的灰色羊毛衣、俏麗的打摺裙、對比色彩鮮明的櫻紅色防水外套及運動型緊身褲。1950 年代的服裝在剪裁風格上似乎可以看出一點極簡風的味道，但那並不表示現代的極簡美學具有復古的風格。現代的極簡服裝有著時尚感的線條與色彩，穿上它可以讓消費者覺得自己不失流行。這種風格的服裝沒有過於極端的設計，也不會太難穿，完全符合現代女性的穿衣哲學：流線剪裁、捨棄雜亂、實穿與美感兼具。

　　更重要的是，極簡風格服裝也運用奢華的材質來表現服裝的魅力。這種服裝的剪裁也許是嚴謹節制的，但奢華的服裝材質，像是輕柔的喀什米爾羊毛、精緻的毛織品等珍貴奢華素材，卻代表著穿戴者有能力讓自己享受這些緊貼著肌膚的昂貴織品所帶來的愉

悦觸感。從 1990 年代後期開始，許多人選擇過著極簡的生活型態，因為這種極簡的生活型態暗示著一種有節制的理性，可以在混亂的都會生活中，為人們創造出一個靜謐的空間，以及一種坐擁奢華的舒適感。所謂的小型衣櫥（capsule wardrobe），指的是衣櫥中有無限可替換的重點式單品。雖然小型衣櫥的概念很具吸引力，但人們還是希望衣櫥裡的服裝具有獨特性，特別是不要與大眾市場的服裝一樣。這種極簡風格的服裝，乍看之下似乎到處都買得到，但實際上它的價格卻非常昂貴。流行成衣市場或許可以在很短的時間內，複製最新一季伸展台上的時裝款式，但高級服裝的品質卻是難以模仿。1998 年 7 月，《觀察家雜誌》（*Observer Magazine*）就指出：「時尚已經從一種不費力、穿過即丟的服裝風格，大規模地轉變成獨特的、精選的、奢侈的風格。」

馬可‧賈伯斯於 2005 年秋冬時裝發表會謝幕。（麥羨雲　攝）

在這個章節裡，我一方面要揭開 1990 年代極簡風潮的發展由來，同時也會質疑它那種欺騙世人的簡單風格。極簡風格的打扮，表面上看起來似乎很簡單，但其實在它流線剪裁的外表下，蘊含著相互矛盾的意義。

《壁紙》（*Wallpaper*）雜誌的編輯泰勒‧布雷（Tylor Brule），曾在 1996 年的《週日獨立報》（*Independent on Sunday*）以「簡單就是聰明」為文，提到當時正逐漸風行的「簡單化」（downsizing）、「自發性簡約」（voluntary simplicity）、以及「超越基本」（beyond basics）等服裝趨勢。泰勒‧布雷察覺出，這個轉變的根源來自於美國西岸，那裡的人們開始流行拋棄生活中不必要的元素、丟棄生活與財產中多餘的部分；同時

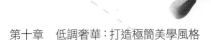

布雷也認為，影響這種服裝趨勢的其他原因，還包括經濟大蕭條所帶來的經濟衝擊，以及人們謹守避免浪費的道德規範，因此選擇過著一種比較簡約的生活。「極簡」這個概念很具魅力，也是可以理解的。他用《時髦簡約》（*Chic Simple*）這本書以及西雅圖刊物《簡約生活》（*Simple Living*）的內容為證，說明當時的確流行縮小衣櫥與縮小住家空間。這股簡約風潮席捲當時的社會，使得像朵且與伽巴納（Dolce & Gabbana）這間不以簡約風格擅長的服裝公司，也於 1998/1999 年的秋冬男裝廣告中，試圖喚起一種儉約質樸的生活風格。其廣告內頁內容是一位男性模特兒，身著一件淡色系的高圓翻領毛線衣，搭配對比色彩鮮明的一條深色系長褲和夾克，從一種空洞白色的內部空間凝視著讀者，而另一頁則是一種簡單祥和的生活，並且加上一些文字描述，來輔助說明這樣的場景。一張未經加工的木桌上，擺放著一些簡單的鍋碗瓢盆、一條麵包，還有一些新鮮的魚和橄欖。他們談論義大利式的鄉村生活，一種簡單、實在，而且健康的存在方式，不因日復一日的通勤，或者是來自城市的壓力而有所阻礙。極簡儼然已經變成矛盾對立意涵下，所販售的一種生活方式，也就是，它似乎為不斷消費以及混亂暴力充斥的現代社會，提供一種解脫。然而，泰勒‧布雷也指出，如此極簡的方式，也常常意味著更多的購買。

另一個促使諸多時裝設計師轉向這種簡約型式的因素，是因為他們要摒棄 1980 年代那種過度表現的服裝風格。像是當時以華麗設計著稱的設計師吉安尼‧凡賽斯（Gianni Versace）的作品，被理智的消費者，視為過度庸俗激進。他設計的晚禮服剪裁合身，展現人體曼妙曲線，也因此吸引那些專寫聳動性報導的小報記者前來。吉安尼‧凡賽斯的奢華風格，吸引那些渴望把自己改造成極具曲線美的完美尤物。然而，對那些試圖在簡約服裝中尋求沉著理性的人來說，根本無法認同這種性感冶豔的服裝。簡約的服裝，讓女性可以從文化對女性完美肢體線條的刻板定義中跳脫出來。

極簡風格成為凡賽斯美學之外的另類時裝設計潮流，其原因不光是因為對性感服

裝的反感。另一個原因是,設計師們想要藉此
與這個浮誇、被認為品味低劣、公然代表著財
富與奢侈的金色品牌標誌畫清界線。這代表了
一種轉變:炫耀性的消費態度,不再是購買時
尚性商品的正當理由。對那些我即將討論的設
計師,我會用一種更微妙、但一樣有力的論述
方式,來討論他們的服裝風格。我們或許可以
稱之為「低調消費風」:當沉著節制的奢華風
格成為財富與智慧的象徵時,人們穿著的是一
種簡約中流露出財富與文化價值的服裝。這種
矛盾的消費立場,顯然並未受到虛榮、虛假等
批評的攻擊,因為這種服裝風格看起來還是很
節制與自制。

沉穩內斂的喬治歐‧亞曼尼。

道格拉斯‧柯普蘭(Douglas Coupland)曾經語帶嘲諷地說,Armani 那種無結構的、
現代的剪裁雖然優雅,但也透露出這種服裝風格背後的潛在意義。柯普蘭說:「亞曼
尼風(Armanism)就是,在喬治歐‧亞曼尼之後,設計師著迷似地模仿義大利時裝那種
無接縫剪裁,以及(更重要地)節制的風格。就像日本的極簡風一樣,亞曼尼風也反
映出一種受約束的深刻內在需求。」

雖然亞曼尼對高級時裝那種墮落式的奢華風嗤之以鼻,亟欲與膚淺短暫的時尚風
潮保持距離,但他的作品卻也形成了另一股昂貴的迷戀風潮。這樣的論點在 1990 年的
《星期泰晤士報》(Sunday Times)也曾經被提到,該文的標題為「Armani 的成功是一
連串的減法」。

在 Armani 1994 年的文宣廣告上,表現出一種結構鬆散的剪裁方式。男女模特兒

穿著柔和滑順的亞麻布，擺出的姿勢，傳達出一種輕鬆自若的自信，女性套裝的衣領變得柔軟平順，上衣的設計則簡化到最基本的版型。在這種極簡的剪裁中，再也找不到可以簡化的地方。模特兒將頭髮整齊地往後梳齊，太陽眼鏡表示一種理性的低調特質。強調大自然的舞台設計，加強了這種簡約、美學設計的意念，與不受線條拘束的服裝相輝映。這種簡單沉著的設計，提供了一種安全感，讓穿著服裝的人即使是穿著這樣高檔的服裝，也不會顯得太突出，而遭人側目。亞曼尼的服裝因為這種簡約風格而變得低調，但若進一步檢視他的服裝，會發現他的服裝出奇的昂貴，其材質和剪裁都在在透露出 Armani 服裝的貴族地位。

亞曼尼將服裝設計簡化到最基本的形式，這不僅表達出一種令人欽佩的現代美學，也顯現亞曼尼希望他的服裝能夠維持「高尚品味」的封號。只有那些可以體會外表平凡但剪裁完美的夾克所帶來的美感與奢華感的人，才會迷上這種服裝。那些喜歡 Armani 褲裝的人，不計成本的購買行為，就等同購買一襲閃閃發亮的 Versace 套裝一樣，只不過前者帶上了一層約束的、理性的、實用的，並且永久經典的面具。羅莎琳‧柯華德（Rosalind Coward）對 Armani 服裝的評論是：「Armani 的服裝要傳達一種服裝質感表現出來的風格，暗示著一種優雅的感官觸感，會讓人一直想穿它。」

吉兒‧珊德（Jil Sander）的設計風格以簡單著稱，他的極簡設計，被認為是為那些女性上班族、或那些太忙碌或太有權勢，以至於不想穿得太招搖的女性而設計。服裝如果去除掉傳統上認為女性化的部分，通常就會被認為具有權威，也許是因為這樣的服裝看起來比較具有陽剛味。而這就是亞曼尼、金‧慕爾（Jean Muir）、尼可‧法西（Nicole Farhi）等設計師極力追求的風格：在服裝上帶給女性一種輕鬆感、自信感，一種掩飾服裝質感與昂貴費用的理性低調。這種低調與保守的風格，顯露出一種既想宣示身分卻又有所顧忌的對立關係，因此它既簡單得不得了，卻又墮落似地貴得要命。

極簡風格追求的不只是表面上的簡約，它其實是一種莫測高深的偽裝面具，在這個

The Fashion Business
時尚經濟

偽裝面具底下，是一種柔軟布料擦過皮膚時，那種奢華舒適的感官享受。這個偽裝面具隱藏了穿衣者的熱切渴望——不只是對服裝觸感的渴望，而且是對合法地位、對明確身分的渴望，這些渴望與舊時代的金錢觀有所關聯，因為在二十世紀末期，在動盪不安的就業市場中，愈來愈不容易找到穩定的感覺。如同鮑伯·可拉伽洛（Bob Colacello）在 1996 年於《浮華世界》（*Vanity Fair*）中關於吉兒·珊德的文章中所說的：「拉夫·勞倫簡約品味的背後，是一種欲求更多，不是更少的浪漫渴望。」對吉兒·珊德而言，最糟糕的事，莫過於透露出任何會讓人以為地位低等或被歸為低劣品味的線索。

這種風格有許多高尚的前例可循，這些前例造就了後來的極簡穿衣風格。十九世紀初期，講究服飾的時髦男子不喜歡服裝上有太多裝飾或不必要的東西。比悠·布魯梅（Beau Brummell）將倫敦時髦男子的極簡服裝風格加以擬人化，他將穿衣行為視為一種儀式，人們先把身體洗乾淨、準備穿衣，然後穿上最精緻簡約的服裝，這些服裝包括：剪裁俐落的黑色外套、完美的淡色系褲裝、素色的背心和簡單的配件、黃色的皮革手套、麻布的靴子，再戴上一頂剪裁工整的帽子。唯一表現時尚男裝風格的部分，就是那一條用最時尚的方式打上去的白色領帶。

這些時髦男子，完全沉迷於自我的打扮，打扮後的外表看起來如此單調，連當時最暢銷的媒體也都用懷疑的眼光看待他們。這種情形可從 1820 年代的法國諷刺漫畫中看到，當時這些倫敦時髦男子的穿衣風格，正越過英吉利海峽，漸漸傳到巴黎去。漫畫標題是「擬人化的自我中心論」，表示漫畫將那些時髦男子諷刺為自我沉醉的自戀狂。坐在畫面中間的時髦男子，似乎很關切房間椅子的擺設是否能夠襯托他刻意裝出來的優雅姿勢，但同時卻又無禮地讓女子站在一旁，完全不在乎他的靴尖刺中一位倒楣婦人的禮服，和他的柺杖戳中另一個婦人的眼睛。這種對事情完全不在乎、只在乎自己外表的態度，違背了十九世紀好男人的形象，讓歷史學家兼作家湯瑪斯·凱利（Thomas Carlyle）不禁問道：

　　這些時髦男子忍受這些折磨、假惺惺的詩意，究竟是在企求什麼？我們只能說，我們承認他的存在、承認他是一個活生生的個體；或者什麼也不是，只是一個視覺假象，只是光線折射後的東西。

　　諷刺的是，如此單調的打扮，反而變成十九世紀許多男性服飾的一大特色，而且逐漸成為備受尊敬的中產階級的標誌。其實，上帝不喜歡男人汲汲營營於這種樸素的打扮，陽剛味十足的服裝才不會花費男人太多心思，也才能表現出男人的優閒氣度。布魯梅對細節非常關注，並狂熱擁戴清教徒式的節約精神，這種自制與節制的風格，影響到後來香奈兒夫人對女性身體所抱持的態度。Chanel 的服裝代表了當時的時裝設計師，亟欲擺脫二十世紀早期那種層層堆疊的奢侈服裝風格，而渴望一種簡單的穿衣風格。她的設計走在高級時裝的時尚最前線，嘲笑中產階級的審美觀仍舊脫離不了奢華布料和繁複設計這種外顯的財富象徵。實用布料，像是針織緊身衣，藉由設計師傳達出來的美好形象與完美典範，獲得高級時尚的地位。香奈兒夫人一開始雖然是在風格精緻的時裝店工作，但她的服裝風格卻吸引了前衛和大膽的顧客前來光顧。想購買 Chanel 服裝的客人，都必須願意冒著被誤解的風險，被那些不了解簡單風格意涵的旁觀者所誤解。過去有許多藝術家與知識份子，利用這種簡單實用的服裝作為一種象徵，用來譴責不斷改變的時尚潮，並彰顯他們的崇高關懷。但那些中產階級的時尚消費者，必須先確認自己具有眾人公認的穩固地位，才能表現這種簡約的服裝風格。Chanel 提供女性一種服裝，這種服裝更適合她們活躍、主動的新生活方式，這種新的生活型態將女性視為一個有自信的、造型流暢的個體，而不是一個被裝飾的糖果。Chanel 也鼓勵女性將自己打扮得像女僕一樣樸素，但這並不表示她們應該把自己誤解為下層階級的百姓。Chanel 極簡的服裝設計，融合了十九世紀時髦男人的穿衣哲學——注重細節、講究高級材質、基本款式，帶著一種滿不在乎的態度、簡單的黑色洋裝與單品，混雜著過去中低階層才會使用的假珠寶。

凡賽斯的設計剪裁合身，展現曼妙曲線，讓女人十
分性感冶艷（Versace 2007 S/S Collection）。

另一個早期極簡風格服裝設計的例子，是美國設計師克萊兒・麥卡德爾（Claire McCardell）的作品，她在 1940 年代達到事業高峰。從她的作品裡，我們看到的極簡風格，是一種回歸到原點的功能性主義，而不是一種自省的表現。她設計的服裝，主要是為了讓身體可以自由活動與工作，並且過著活躍與健康的生活。簡單的線條，和她喜愛的實用布料，逐漸成為美國風格的象徵，這些服裝是一種可以馬上穿的成衣，而不是舊世界高層社會專屬的高級女裝。就如同一位評論家所言，「麥卡德爾認為高級女裝的形式太有結構、太過正式，所以她要為身處於步調極快社會的忙碌女性，設計出一種容易買到又好穿的服裝」。

Giorgio Armani 服裝秀，2008。

麥卡德爾把 1940 年代和 1950 年代的職業婦女，從迪奧的「新面貌」服裝中解放出來，為她們設計一種容易保養的運動風格服裝。1948 年，路易斯・達・沃夫（Louise Dahl Wolfe）曾拍攝一款麥卡德爾設計的泳衣，軟質灰色的泳衣，讓身體與布料之間看起來更合諧。模特兒穿著一件合身剪裁的緊身羊毛針織衣，躺在沙灘上，模特兒衣服上的編織圖案與沙灘上的漣漪相互輝映。

麥卡德爾於 1946 年，設計了一件高腰線及胸的長洋裝，展現出她當時承諾要設計一款適合各種身材的服

裝，所謂高腰線及胸的定義，指的是繫在胸線與領口的細繩，而非利用裁剪的方式設計。這樣簡單的輪廓具有不受時空影響的特質，不過 1940 年代延續這種風格的服飾，大多是搭配服裝的晚裝手套和珠寶配件，而不是這類風格的服裝。麥卡德爾在她的每一個服裝系列中，都會保留一些重要的元素，她對一般時尚服飾隨季節而不斷改變的作法多所責難。她想要設計一些可長年穿戴的輕鬆服裝，提供女性六件式的旅行配套服裝、輕鬆套上的寬鬆洋裝、耐用的丹寧牛仔布，和格子式套裝等。對她來說，這些基本款式展現了穿戴者的活力與現代化的活力。《當前興衰史》一書在 1954 年部分的一開始，將麥卡德爾的作品做這樣的描述：「設計師的理念是，服裝必須適合個人與場合，而且應該兼具舒適與美觀。服裝的色彩與線條必須能夠順應著身體而擺動。」

即使是麥卡德爾比較華麗的晚禮服系列，也只是利用一些引人注目的元素來表現服裝的魅力。從麥卡德爾被收藏在紐約大都會博物館的展示品中，我們可以看到幾個例子，包括玫瑰紅的打摺絲質、裹身疊合式的日本和服、在簡單的窄板禮服上增加些許優雅與魅力，而不是設計一些可能會破壞服裝基本線條的複雜裝飾。

安・侯蘭德（Anne Hollander）對這種簡單的服裝風格做了一個總結，並指出這種簡約形式背後潛藏的問題，她說：

美國的現代化，讓女性服裝可以和男性服裝一樣，在美國現代的服裝設計中，具備一種不專屬任何人的通化特質。當一名設計師的原始設計理念，可以如此輕易地被拿來大量生產，並且適合許多人、許多場合，那麼，這樣的服裝很快就會失去它的獨特性與原創性。

簡約設計的大眾化特質，讓消費者難以區分品牌間的不同，或察覺出他們必須花更多錢才能擁有極簡風格的服裝。麥卡德爾女士曾在她所服務的湯立公司（Townley）設計一款相當簡單、類似道袍的服裝，它是一件基本 A 字線條的款式，從肩膀開始斜切順著身體曲線下來，不過這款服裝卻沒讓公司賺錢。消費者根本看不出這種款式與

身著 Armani 西裝參加時尚派對的好萊
塢男星李奧納多·狄卡皮歐。

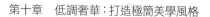

市面上很快就出現的模仿品有什麼不同，因此他們寧願選擇比較便宜的模仿品，而不願意花更多錢去擁有一件原創品。對往後的美國設計師來說，這個區分品牌的需求，變成最重要的事情。

1950 年代，經濟學家羅伯‧史坦尼（Robert L. Steiner）與工業專家喬瑟夫‧魏斯（Joseph Weiss），重新定義朵斯坦‧維布勒（Thorstein Veblen）關於「炫耀性消費」的理論。朵斯坦‧維布勒所謂的「炫耀性消費」指的是，社會高層階級的菁英必須不斷藉由炫耀性消費，來展現他的社會地位，並且維持他的高等品味。但在日漸繁華的美國，已經有愈來愈多人負擔得起這種奢華的奢侈品。史坦尼和魏斯寫道：

> 炫耀性消費長期下來的結果是，對一般老百姓來說，華麗的東西就是財富的象徵。因此，如果老一輩的社會菁英，要表示自己對金錢不再感興趣，他們一定要表現痛恨奢華並且熱愛簡約。

這就是所謂的反紳士（counter-snobbery）心態，這種態度讓那些老一輩的社會菁英，可以藉著輕蔑財富的累積與炫耀行徑，來繼續維持他們的高道德地位與優越的風格。然而，如同這兩位作者所說的：「在這個害羞靦腆謙虛、以及假裝沉靜的表面下，他們刻意表現出來的高級品味，卻像前幾年炫耀浮誇的社會文化那樣的明目張膽」。

這種矛盾在 1970 年代雷‧哈士頓（Ray Halston）的服裝中被呈現出來。哈士頓的作品身受時尚圈內人所喜愛，他們喜歡看見，在頹廢至極的紐約夜總會中穿著極簡服裝，那種對比的快感。他在麥卡德爾的實用美學設計中，加入更多感官元素，例如使用柔軟的奢華布料，讓他最著名的兩件式套裝以及一片裙更加生動活潑。1975 年，在美國 *Vogue* 雜誌的兩頁式版面上，展示哈士頓設計的簡單上班服，那是一件剪裁俐落的深紫紅色短大衣與橄欖綠褲裝。他的晚裝設計更是大膽，舉例來說，紫色的洋裝開

岔到腰部，看上去，似乎只靠寬板的黃色腰帶連接起來，原來簡單的服裝線條，因為這種煽動性的設計而大打折扣。當大部分的設計師都還沉醉過去浪漫的服裝風格時，哈士頓的服裝卻以低調的優雅而顯得一枝獨秀。

然而，到了 1980 年代末期，簡約的服裝已經不再只是單純的時尚風格，而是一種確保身分地位的表現。當麥卡德爾像香奈兒夫人一樣，被認為是前衛派時，一些像是 Donna Karan，和 Calvin Klein 等品牌，則被認為是比較「安全」的服裝風格，因為他們的服裝，可以成為那些想要被視為正經處世、有事業心之人的基本服裝款式。美國設計師所設計的服裝通常比較具有休閒感，這樣的設計風格也是一種功能性的表現，用以與那個時代盛行的浮誇風潮畫清界線。甚至在 1990 年代，紐約的服裝喜歡從歐洲的時裝秀中擷取靈感，讓他們的服裝具有一種異國風格，但他們著眼的，並非歐洲服裝的原始創意；他們想從中得到的，是這些服裝在歐洲時尚秀中，帶給顧客的愉悅感。Calvin Klein 在 1997 年春夏發表的一件套裝，便展現其商業頭腦。在這套服裝中，可以明顯看出奧地利設計師赫爾穆特・朗（Helmut Lang）的多層次風格，不過這種風格在 Calvin Klein 的服裝中，轉變為有光澤、有伸展性的布料，讓整套服裝在整體上呈現出一種運動風格，完全不同於原設計師的急躁風格。

不同於 Calvin Klein 藉由爭議性的廣告聲名大噪，多娜・凱倫（Donna Karan）則是以女性為主要訴求對象。凱倫延續麥卡德爾的服裝風格，在服裝中表現簡約優雅的風格。她服裝的主要色系是黑、灰以及柔和的油灰色，這些特別的色系加上簡單的線條，創造出她的時裝與家居系列服裝王國。在 1993 年的外套系列中，她採用了麥卡德爾的一片裙風格以及腰帶的設計，麥卡德爾當初設計腰帶的目的，就是為了讓平凡的洋裝生動活潑起來，以適合特別的社交場合。

凱倫的晚裝也是回歸服裝最原始的風貌，她在 1993 年推出的柔質晚禮服，主要材質是原色絲，因為淡金色領而散發著隱約的光芒。然而，如此簡單的設計卻缺乏一種獨

特性與魅力，因為這些晚禮服無法表現出設計師品牌的獨特地位，讓消費者可以因為將設計師的名字與視覺意象連結在一起，而被服裝吸引。和大明星的名字扯上關係（例如黛咪·摩兒和布魯斯·威利為多娜·凱倫站台，茱蒂·佛斯特還有其他數不清的奧斯卡大牌影星為 Armani 宣傳），或是強調生活風格的行銷手法，都可以提升品牌形象與地位。而報章雜誌、社交生活以及廣告，則可以增加服裝的知名度，並且讓消費者在心中，將視覺意象與真實生活產生連結，進而提高簡約風格的地位。哈士頓的設計風格是讓經典重現，他在生涯巔峰時，曾經這樣說：「當你把人們打扮得很出色時，你就和他一樣出色。」他這句名言，曾經幫助許多我們在前面討論過的設計師達到事業高峰。像是 GAP 這樣的量販店品牌，它們的實用性正好滿足了「簡單化」的特質，也就是，去除掉會讓原本複雜混亂的生活更複雜的不必要物件，此外，它們既廉價而且容易買得到，這都符合了這類型服裝的實用特質。不過，設計師服裝所提供的極簡服裝，雖然也具備「簡單化」特質，但卻帶著一種理性的色彩，以及一種隱含的獨特性。

1995 年，麗莎·阿姆斯壯（Lisa Armstrong）在 *Vogue* 雜誌中寫道：「八〇年代貴族士紳穿著的服裝，也許是簡約的風格，但卻很大眾化，容易被複製。相對而言，現代的服裝風格，帶有一種象徵地位的特質，而這種特質是其他人所無法複製的。」

對許多極簡風格設計師以及穿著極簡風格服裝的人來說，在服裝的表面之下，其實隱含著一連串的潛意識意義。「簡約」顯然也代表了服裝可以被賦予更多的意義。在川久保玲的「像男生一樣」（Comme des Garçons）的系列作品中，她的設計方向，主要著重在身體和服裝材質之間的關係，以及兩者結合後創造出來的空間感。在她 1994 年的春夏套裝系列中，她用層層的黑色亞麻布包覆住身體，輪廓簡化成簡單的圓柱，但是當緊身束腰外衣和裙子的褶層交錯堆疊時，卻產生了明、暗、透光和不透光的變化。對川久保玲來說，服裝設計就是不斷質疑與測試時尚的界線。在這個服裝系列中，如此簡約的服裝，就是要強迫消費者將注意力集中在服裝的形式與材質上。西方高級時裝那種以奢

侈華麗來表示財富與地位的傳統，如今卻被簡化與輕視，取而代之的，是一種簡單、乾淨的線條。如同哈洛德・柯達（Harold Koda）所說的，川久保玲運用日本「寂」（窮困、簡單、孤獨）與「侂」（Wabi）（短暫、頹廢、鄉村風）的哲學，創造出一種「外在制約與內在高雅的美學」。

在山本耀司的作品裡，也有一種類似的設計哲學。就像川久保玲一樣，山本耀司的服裝通常沒什麼色彩，只有黑色的陰影；或者像他在 1998 年推出的長款禮服，用暖金黃色水洗色系添加布料的奢華質感。吉兒・珊德和亞曼尼偏好使用昂貴的材質來增加服裝的變化性，相較之下，對日本設計師來說，貧乏簡單的材質，反而能夠反映服裝和穿衣者的真正內涵，服裝的簡樸外表其實是內心思想與安定的象徵。這種簡單的形式，提供內省的空間和更深度的思想，就像歐洲設計師所說的，極簡是一種智慧的象徵。

胡辛・卡拉揚（Hussein Chalayan）的作品是另一個簡約設計的例子，他屏棄浮誇艷麗的設計，認為這些設計都只會讓人分散對美的注意力。1998 年 9 月號的《法蘭克》（Frank）上，有一件卡拉揚的服裝作品，藉由發亮的蕨類植物葉子當背景，那件灰色斗篷式的長袖夾克表現出一種生氣勃勃的感覺。在這件服裝中，極簡的美感表現在單純的服裝形式上，那是一種整體和諧的感覺，引領人們去思索服裝的意義，而不是一個刻意隱藏簡約設計符號的面具。

到了 1990 年代，人們對時尚感到焦慮，而且隨著經濟蕭條更趨嚴重，這主要是因為時尚讓它們的消費行為充滿罪惡感。消費者對知名品牌不再感興趣，因為這些設計師品牌在前十年，與娛樂圈及八卦雜誌的關係日益密切，使得消費者對這些品牌產生負面的聯想。社會各個階層的人，比以前更加熟悉這些知名時裝品牌。走在時尚尖端的時裝設計師，像是赫爾穆特・朗，認為極簡風格是庶民文化的表現，這樣的設計風格在 1990 年代似乎不夠時髦。從赫爾穆特・朗自 1993 年起推出的一系列套裝中，可以看出他的設計風格：窄板皮褲、單排扣外套，搭配有合成印刷圖案的 T 恤。當媒體持續將注意力集

中在凡賽斯與穆勒（Mugler）等設計師的奢華風格時，赫爾穆特·朗沉穩、充滿都會風的服裝風格（那是一種結合基本線條、鮮明色彩組合，以及高科技布料的風格）顯得特別不同，這不但是時尚圈很重要的風格，也對其他設計師產生重要的影響。因為這些設計師都急切地在尋找一種能夠代表現代感的風格。

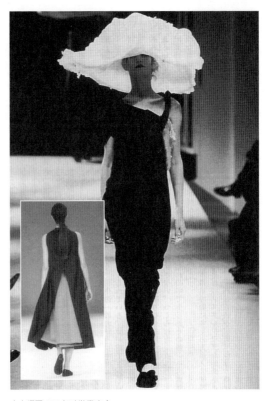

山本耀司 1998 年時裝發表會。

　　朗讓時尚界再度燃起簡約的熱潮。他使用廉價的工業布料、運用複雜的裁縫技巧，將一種都市的優雅風格，帶入他的設計中。感覺上似乎是，消費者必須具備更多關於時尚的知識，才能欣賞他的服裝那種看似簡單的複雜性。他的服裝透露出一種高雅的文化品味，並且如同當代法國最具國際性影響力的思想大師布迪厄（Bourdieu）所說的，在消費的過程中，證明自己的知識學養，而不是證明自己的財富能力。布迪厄說：

　　真正重要的是一個人的人格，也就是人的品質。那是一個人鑑賞高品質物品的能力。物品具有愈多獨特特質，就愈能證明它的品質，也就愈能證明擁有者的品質。

Giorgio Armani 2008 秋冬系列。

　　Prada 是另一個讓極簡風格成為 1990 年代時尚風潮的品牌。在焦慮和不確定的年代，Prada 必須建立一個可以表現文化與時尚地位的品牌形象。蓮恩服裝那種蒼涼、中性的風格，以及 Prada 顛倒地位象徵的諷刺意涵，隱藏了消費行為那種浮誇炫燿的特質，讓消費成為一種愉快、時尚的行為。Prada 在 1998/99 秋冬系列中推出的紅外套，有一條水平的裂口，破壞了外套的平滑感，卻增加了簡約中的不和諧感。

　　但是，隨著這十年逐漸過去，這種刻意輕描淡寫的極簡風格逐漸受到兩方面的影響：一方面是高級時裝界的新興設計師大力鼓吹奢華風格，並注重服裝的裝飾細節；另一方面是消費者渴望擁有不易被複製的服裝，因此選擇高貴奢華的材質便成為消費者關注的重點。例如，納西斯可・羅德理茲（Narciso Rodriguez）創造了藍黑色或是牡蠣色的喀什米爾羊毛織品，隨著設計師用手繪圓形小金屬片排列成的星座圖案，而閃耀著彩虹般的光芒。又例如，Gucci 在 1996 年的廣告中將極簡美學與頹廢風格融合在一起。兩個模特兒在當時最時尚的極簡風格場景中，擺弄著陰鬱的姿勢，模特兒刻板的線條，在石牆上的自然光線襯托下，顯得柔和起來。她們穿著豪斯頓（Halston）白色風格的衣服，和 1970 年代 Gucci 的懷舊風格有差異。女性管狀的服裝，在臀部的部分有一條簡潔俐落的圓形裂縫，露出白色的內衣帶子以及鵝卵石狀的金色扣子，襯托出模特兒曬過的肌膚。這樣的形象傳達出一種隱約帶著簡約風格的性感。

　　這種性感風格在 Gucci 1998 年的作品中更加明顯，該系列服裝表現出一種在極簡的簡單線條和奢華感之間的對比美感。一套為伸展台上的模特兒量身訂做的藍黑色外套和魚尾裙，在半透明的上半身和比基尼帶子，以及外套上閃閃發光的假鑽石的效果下，顯得柔媚性感。當模特兒走出伸展台，緊接著而來的燈光秀，似乎在嘲弄極簡主義的嚴肅感，並在原本樸素的極簡風格下，注入一種閃閃發光的奢華特質。

　　這種對奢華的喜愛，表示 1990 年代晚期的極簡主義，愈來愈不否認服裝帶來的樂趣，就算是極端實用導向的工作服，也被賦予新的意義。拉夫・羅倫（Ralph Lauren）

The Fashion Business
時尚經濟

在 1998/99 年秋冬推出的白色喀什米爾軍用工作褲，並不以實用為考量，這種違背軍裝功能的設計，卻帶來一種令人愉快的諷刺感，進而轉變成一種頹廢的象徵。

運動系列也發生同樣的情況，運動服裝的基本功能，被時尚拿來操弄與扭曲，產生一種懶散性感的風格。馬可·賈伯斯（Marc Jacobs）在 1998/99 年推出的矢車菊藍色頭巾，就把這種風格表現得淋漓盡致。喀什米爾羊毛再次成為奢華的象徵。極簡服裝模稜兩可的意義，以及它們在時尚產業無所不在的現象，讓時尚界開始追求高級材質，而非先前所提設計師（例如香奈兒和麥卡德爾）所採用的廉價耐用材質。如前所述，極簡風格並不簡單，事實上，它一直在奢華與節制這兩個對立的價值觀之間來回游移，表現出來的是，它在墮落與節制、恐懼與慾望等現代文化的元素之間，保持著

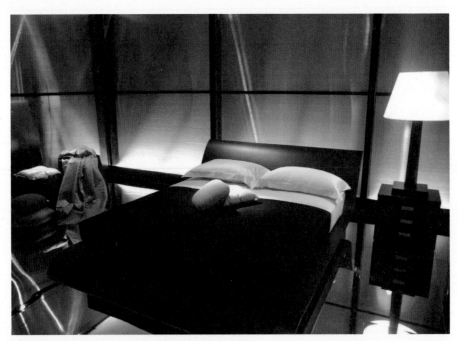

極簡風格不只是表面上的簡約，它其實非常莫測高深（Armani Casa）。

一種微妙的平衡。

　　所以，我們應該如何看待這種風格呢？我們在前面所討論過的極簡風格設計師對於極簡的迴異態度（亞曼尼和吉兒‧珊德的節制、自信與貴族風格、香奈兒和麥卡德爾的前衛現代感、日本設計師的內省思考、普拉達和朗尖銳冷靜的都會風格，以及最近流行的簡化潮流所表現出來的頹廢風格），顯現出極簡主義的複雜意義。這些不同風格體現了當代極簡主義的什麼意涵呢？極簡風格可能將服裝簡化到最基本的樣式，遠離種種雜亂和混淆；但無所不在的簡約風格所帶來的模糊性，真的解釋了極簡主義的本質嗎？

極簡風格並不簡單，它一直在奢華與節制這兩種對立的價值觀間來回擺盪（Armani Casa）。

在卡文‧克萊 1998/99 秋冬裝的廣告中，表現出來的感覺並不像稍早 Gucci 的廣告一樣慵懶自信。模特兒坐在斯巴達式密閉空間裡，看起來緊張，外面的草地和樹木看起來遙遠，好像和她們完全無關。

《紐約時報》的艾美‧史賓德勒（Amy Spindler）用「疏離」來形容史蒂芬‧梅賽爾（Steven Meisel）掌鏡下的這些意象，她說：「這些意象描繪出高度的孤立感，人物雖然接近，但是眼光卻沒有交集。」對她來說，極簡風格成為一種表現距離的工具，貧乏的服裝可以讓穿衣者避開他人窺探的眼光。這種服裝無所不在，讓人們成為社會的順從者並將自己隱匿起來，而非提供他們內省的空間。事實上，對她來說，這樣的場景表達出來的，是焦慮，而非平靜。她繼續說：「假如什麼事也沒發生，我們終於有時間坐下來思考，但我們的心靈卻像極簡的房間一樣簡單、像我們的表情一樣貧乏、像我們的眼神一樣空洞，那該怎麼辦？」

所以，二十世紀最後幾年的極簡風格，是隱藏我們焦慮的一種逃避方式嗎？也許是吧，但這種風格也提供了一個空間，讓新的想法與新的定義得以從中滋養出來，而這些想法與定義，是其他更明確的時尚風格所難以創造出來的。馬可‧賈伯斯為路易‧威登（Louis Vuitton）設計的 1998/99 年秋冬裝中，展示出極簡主義的易穿（easy-to-wear）哲學，優雅線條溫柔地包圍著身體，而非把身形限制住或理想化。這些服裝也顯現出消費者對名牌態度的轉變，最前十年的後幾年中，一些奢華品牌聘請風格前衛的設計師，希望藉此讓它們的品牌重生，最有名的例子就是 Hermès 的馬汀‧馬傑拉（Martin Margiela）。他在 1998 年為 Hermès 設計的第一套服裝系列，包括了看似簡單的雙面短袖毛衣、絨面長手套，和優雅的長裙。不同於他過去最為人所知的挑釁式設計風格，馬傑拉在這次的服裝系列中表現出一種簡單而奢華的風格。但，如莎拉‧摩爾（Sarah Mower）所寫的，「與專門設計給老女人穿的古典服裝所引來的奚落比起來，當今巴黎時裝秀的煽情風格所招致的批評，是有過之而無不及」。

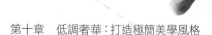

　　這個角度可以讓我們用更正面的態度去解讀當代極簡風格。簡單的形式與低調的顏色，完全沒有企圖要凸顯某種理想的美感，不論體型的美感或年紀的美感。Donna Karan 在 1998/99 秋冬服裝的廣告中，一位嚴肅而優雅的五十多歲女人，穿著厚重的編織毛衣與輕薄黑裙。這種穿法，在隨季節不斷改變的時尚潮流中，提供了一個喘息的機會和空間。這種剪裁方式所蘊含的意義，是對耐久與超越時空的經典款式的一種信仰與尊敬，所有女性都可以穿這種服裝，而不是只有像模特兒那樣的完美女人才可以穿。在追求完美身材、追求年輕的時代，這樣的服裝仍然被視為是追求解放的前衛風格。

第 11 章

尼古拉·懷特

義大利時尚：
用風格與國家定位創造流行

Italy: Fashion,

Style and National

Identity 1945-65

　　義大利時尚產業在當今的全球時尚界占有舉足輕重的地位，與巴黎及紐約享有同等地位。然而，在 1945 年以前，義大利根本沒有工業化生產的流行女裝，也很少有獨創性的高級量身訂製服。我們現在在知名國際時尚雜誌上看到的義大利時裝，其實是從二次戰後才開始發展起來，而且一直到 1980 年代早期才受到廣泛的注意。因此，我們或許可以説，二次大戰早期，是義大利時尚產業醞釀今日奇蹟的時期。本章的目的在討論，義大利獨特的時裝風格是否在 1960 年代中期以前就已存在。我們試圖為二次戰後二十年間出現的義大利時裝下一個定義，並將這些服裝分為三個層次：量身訂製的高級時裝、流行女裝以及高級成衣。我們的討論範圍將只局限在義大利的高級女裝製造商，因為當初正是這些高級女裝製造商將義大利時裝推向國際舞台，而且相關的文獻也比較多。

The Fashion Business
時尚經濟

　　「風格」，是近代許多時尚研究的重點，如同史都華・艾文（Stuart Ewen）所說的，「風格是一種基本的資訊型態，會影響我們對社會的認知方式」。雖然有許多研究都曾討論過風格與國家定位的關連性，但卻從來沒有人特別去討論義大利國家風格在時尚界的演變。我們對二次戰後義大利服裝風格的了解，主要來自三個資料來源：博物館及私人收藏的義大利服裝、親眼見證者的意見、以及當時的媒體報導。

模仿之家

　　一直以來，有錢的義大利女人總愛追求巴黎的時裝風格，認為這樣才是時尚。因此，模仿巴黎時裝就成為義大利服裝製造商最重要的工作。在這些義大利服裝製造商中，很多有很好的口碑，而且技術高超，特別是在刺繡技術上特別厲害。雖然技術高明，但這些優秀專業的服裝製造商還是會引進巴黎的時裝設計，然後再加以模仿或改良。到了兩戰之間的時期，義大利有三個主要的服裝代理商在做這個工作，一般人將這些代理商稱為「模仿之家」（Model Houses）。現年九十歲的瑪利亞・佩奇（Maria Pezzi）從 1936 年開始就為其中一家代理商設計服裝，並且頗有名氣。她曾在專訪中談到這個模仿過程，以及她在其中扮演的角色。義大利服裝製造商引進巴黎時裝後，會再加以改良，改良主要有兩部分：第一部分是在服裝表面加以裝飾，展現義大利優越的手工技術；第二部分是簡化原始設計，以符合當地比較廉價的市場。這兩個部分都可以在戰後的義大利服裝中找到線索，其中第二部分（簡化風格）更在二十世紀末期橫掃全球時裝界。根據佩奇的說法，那些聰明的義大利服裝製造商，購買巴黎服裝的原始設計版型，加以模仿與改造後，再在義大利市場上市。

　　在法西斯主義時代，在追求自給自足的理念下，義大利服裝製造商漸漸減少對巴黎時裝的依賴。當時的政府大力提倡，義大利服裝應該植基於自己的特色，建立義大利式的風格。義大利政府為獎勵自創風格，自 1933 年以後，甚至規定，義大利

Giorgio Armani 2008 秋冬系列。

服裝設計師只要能夠自創設計風格，就可以從政府方面得到財務及宣傳方面的支援（包括官方舉辦的義大利服裝發表會）。1941 年，義大利的官方時尚雜誌《貝莉瑟》（Bellezza）正式創刊，發表了許多支持義大利獨創風格的文章。

　　1942 年 9 月，《貝莉瑟》發表一篇文章，名為「給陌生人的服裝」。這篇文章用義大利的地形作比喻，來描述義大利時裝的發展過程，文中充分展現政府捍衛義大利風格的決心，文章裡有一段話是這樣的：

　　當你爬山時，可以回頭看自己爬了多高。許多人以為這條山路不能爬，以為義大利女人要達到高貴的巔峰，一定要翻過阿爾卑斯山（法國）或越過海洋（美國）才能到達。義大利服裝過去總習慣沿用外國服裝的款式，完全抄襲或改良為義式風格，這種做法對義大利的經濟絕對不會有幫助。……義大利可以製造出符合新興生活型態的精緻實用服裝。義大利的時尚產業在歐洲已經達到卓越的地位，未來更將知道如何運用這個地位達到巔峰。

　　這顯然是為了宣傳目的而編撰出的誇張說法。事實上，回顧當時情況，我們可以發現，當時的所有政府獎勵機制，基本上都是沒有效益的。一直到二次世界大戰爆發前，在國際時尚舞台上，根本沒有所謂的義大利時尚產業，也沒有什麼「義大利風格」。不過，義大利服裝產業對精緻化、實用化、以及現代生活的重視，倒是它未來發展義大利風格的重要基礎。

　　二次大戰後，法國重拾國際時尚教主的地位。雖然巴黎時裝產業曾經在戰後經歷短暫的困頓，但當迪奧在 1947 年發表他最著名的「新面貌」系列服裝時，全球的焦點又重新轉回到巴黎時裝產業上。迪奧推出的這款長裙、細腰、渾圓肩線的華麗服裝，和戰爭期間流行的寬夾克搭配短裙的服裝風格，形成強烈對比，在歐洲及美國，很快受到廣大女性的歡迎。

　　此時，大多數義大利服裝製造商又再次樂於模仿巴黎的時裝風格。從這個角度來看，法國的時尚產業依然主導著整個義大利服裝市場。從我們對義大利雜誌《義大利線》（ *Linea Italiana* ）的分析中，可以清楚看出巴黎在 1940 年代末期對義大利時裝產業的影響。在每一期的《義大利線》雜誌中，都有關於巴黎最新服裝風格的報導，並刊登巴黎最新服裝系列。此外，在雜誌中也經常可以看到融合了法國時裝風格的義大利服裝，這麼做也許是希望不要讓巴黎專美於前吧。此外，有些義大利自製的服裝，會以義大利風格呈現，但關於設計師的說明，卻一定要強調設計師的靈感來自巴黎。例如在 1948 年夏季號中，有一款由設計師蓋樂辛（Galitzine）設計的服裝，穿在義大利社會名流康堤斯‧奎斯比（Countess Crespi）身上，但關於這件服裝的說明，卻是「仿克利斯汀‧迪奧（Christian Dior）的款式」。這樣寫的意思，有可能是指蓋樂辛從巴黎買下這件服裝，直接拿到義大利販售；或者是指，蓋樂辛只是買下這件服裝的版型，加以改良後，再在義大利上市。不管是哪一種情形，這種作法確實大大提高了蓋樂辛的知名度。

同時，在該雜誌同一年的秋季號中，也提到了，義大利服裝製造商已經無法承擔必須支付給法國設計師的版權費，該雜誌還說，有些版權費簡直是天文數字。而這個時候，在國際時尚界中，開始有愈來愈多人對義大利的服裝感到興趣。早在 1950 年義大利舉辦全球服裝秀之前，就有評論家注意到，義大利的時裝產業正努力擺脫巴黎的影響，並看見正逐漸浮現的義大利風格。例如，在義大利政府解放後、戰爭尚未平息前的這段時間，美國 *Vogue* 雜誌的年輕編輯貝提娜·巴拉德（Bettina Ballard）曾造訪羅馬，並撰文寫下她的觀察。她表示，她對那些穿著鮮艷美麗印花洋裝，與羅馬涼鞋的可愛羅馬女人印象深刻，頓時感覺自己的穿著很不入流。巴拉德還說，她很快就發現，義大利設計師是將美國服裝改造成符合羅馬品味的時尚服裝。於是，巴拉德將她所觀察到的羅馬人的生活、服裝及娛樂方式，全數刊登在 *Vogue* 雜誌上。

Giorgio Armani 2008 秋冬系列。

The Fashion Business
時尚經濟

　　早在 1947 年 1 月，美國 *Vogue* 雜誌就已經報導過義大利主要的時裝品牌，並以美國人的觀點，提出對義大利服裝風格的看法。這是一個很重要的觀點，因為在戰後的那幾年中，美國是全球時尚產業最主要的市場。*Vogue* 雜誌曾經為義大利風格下了這樣的定義：「義大利服裝就像義大利人一樣熱情開放──色彩鮮豔、充滿魅力，有時很有戲劇性，但卻缺乏想像力，也不太引人注意。除了海灘裝外，我們很難從義大利服裝中看到當地的時尚元素。」在接下來數十年中，關於義大利時裝產業的報導一直呈現這樣的基調。這篇文章總結說道：「義大利絕對有條件發展出全球矚目的時尚產業，因為它有天分、有紡織技術、有許多美女。」當時美國 *Vogue* 雜誌在義大利已經買得到，因此許多義大利時裝工作者很可能都有看到這類極具建設性的評論文章，特別是這篇文章。

　　事實上，此時已有許多義大利時尚記者注意到，義大利的服裝風格已漸漸從法國時裝解放出來。例如，《貝莉瑟》雜誌仍然持續報導法國的服裝，但同時也強調義大利時裝的創新特質，並且指出義大利並不需要「向巴黎朝聖」或複製外國服裝。接下來幾年，法國高級時裝界發現，過度保護主義與高價政策對它們的出口業績帶來負面的影響。根據一家法國報紙的報導，1955 年時，巴黎時裝的價格與戰前比較起來，上升了三十倍，導致國際市場開始對巴黎時裝感到厭倦。而義大利服裝憑藉著較低的價格，正好可以填補這個市場落差。

　　義大利服裝第一次正式在國際市場亮相，是 1951 年在佛羅倫斯舉辦的時裝發表會。這場服裝秀是由喬凡‧巴提斯塔‧喬治尼（Giovan Battista Georgini）舉辦的，他是一位專為美國市場採購義大利商品的義大利人。這場服裝秀最初的目的，顯然不是為了宣傳義大利服裝，但它卻成功喚醒了國際對義大利服裝的注意，並且切斷了義大利服裝與巴黎時裝的關連性。義大利時裝設計師米可‧凡塔納（Micol Fontana）回憶道，這場服裝秀為喬治尼及他的公司帶來可觀的收入，喬治尼因此呼籲大家「以後再也不需要到巴

Giorgio Armani 2007 S/S Collection。

黎去，也不需要模仿法國的設計了」。凡塔納說，這個呼籲等於是切斷了那些有錢女人的命脈，因為在過去，所有義大利有錢女人都想擁有法國服裝。而且這也表示，義大利服裝將正式和法國服裝競爭。在這場服裝秀之後，到義大利正式與法國服裝競爭前，義大利時裝界進入一段沉潛期，期間的設計師包括凡塔納的姐妹索蘿莉‧凡塔納（Sorelle Fontana）。根據凡塔納的說法，義大利時裝就是在這個時刻躍上了國際舞台。

　　不過，這不表示所有義大利設計師突然間都忘記了巴黎時裝，從此獨立設計服裝。巴黎時裝對義大利的影響沒有一個明顯的斷層，事實上，義大利對巴黎時裝風格的依賴，一直持續到整個 1950 年代以及 1960 年代初期。義大利自 1951 年後開始逐漸脫離巴黎服裝的風格，但並非每一個服裝製造過程或每一個設計師都是如此，例如，義大利在服裝色彩、材質、以及裝飾上，較有自己的風格，但在服裝線條方面，則仍受

到巴黎時裝的影響。雖然如此，從這個時期以後，義大利時裝設計師與巴黎時裝界之間，就比較不容易找到明顯的關連性（在 1951 年以前，我們時常可以在義大利的時尚媒體中，看見兩者的關聯性）。

　　義大利服裝脫離法國的影響，這個現象不但可以從媒體雜誌的報導中得知，也可以透過對當時服裝的分析，以及親眼見過早期服裝的人的現身說法得知。卡拉·史坦尼（Carla Strini）就是一個例子。史坦尼是艾米里歐·普奇（Emilio Pucci）的海外營運處處長，她曾參加過義大利最早期舉辦的服裝發表會。她還清楚記得那些義大利服裝的刺繡裝飾、材質，以及色彩，她說：「那些服裝的色彩實在非常令人印象深刻，特別是柔和的淡綠色以及水藍色，這些顏色都非常特別。」米可·凡塔納回憶道：「義大利服裝的線條比法國服裝更簡潔，有一部分原因來自於高品質的柔軟布料，但最大的原因在於它不留痕跡的剪裁。這些服裝都經過精心的剪裁，但剪裁的手法很流暢，不流於匠氣。」

匠心獨具的晚禮服

　　這些特點可以從留存下來的義大利服裝中窺知一二。在當時，晚禮服是義大利服裝最重要的出口項目。雖然大多數義大利晚禮服是依循法國迪奧「新面貌」系列服裝的設計路線，不過，留存至今的義大利服裝中，卻很少是法式風格的服裝。我們可以從以下幾件服裝中歸納出基本的義式風格。第一件是令人震驚的深紅色晚禮服，服裝材質是柔軟的抓皺雪紡紗，是由凡塔納於 1953 年設計，整件服裝的線條簡潔、展現女性的曲線美，當時凡塔納推出的一系列服裝都是這種風格。根據米可·凡塔納的說法，這件晚禮服的特色在於，它緊貼身體的線條，完全沒有不舒服的感覺。這件晚禮服看似簡潔，但實際上它的結構頗為複雜，裡面還縫上了絲質的內衣鋼圈。

　　義大利的精緻手工向來出名，複雜的手工串珠技術更是義大利服裝的強項。這個特點在戰後時代更是發揮到極致。在舊金山的狄揚美術館（M.H. De Young Museum）

中，可以找到許多這類型的服裝。最早期的一件服裝是 1949 年由費洛里歐（Ferrario）所設計的乳黃色綢緞晚禮服。整件晚禮服是由繁複的串珠圖案來裝飾，用精巧的絲線，串起乳黃色金屬片以及琥珀色的玻璃。晚禮服正面是一片裙片，這個裙片在走路時會隨步伐飄起，偶爾露出小腿。這件衣服當年是由納茲‧馬狄肯（Naz Mardikian）穿出來亮相，馬狄肯夫人是一位美裔移民，她在二次大戰期間參與義大利反抗運動，並在戰後積極幫助重建義大利工業。費洛里歐每年都為她設計一件服裝，以肯定她對義大利的貢獻。馬狄肯夫人在 1949 年獲贈這件特別的晚禮服，並穿著這件晚禮服為當年的舊金山歌劇開場（舊金山歌劇是當地每年很重要的社交及服裝盛會）。

Giorgio Armani 2007 S/S Collection。

另一件留存至今的義大利晚禮服是由蓋樂辛（Galitzine）所設計，問世時間大約是1962年。這件晚禮服後來演變出兩種類似的款式，分別被收藏在不同的博物館中，其中一款被收藏在佛羅倫斯的彼提宮（Pitti Palace），另一款則被收藏在倫敦的維多利亞與亞伯特博物館（Victoria and Albert Museum）。前者是一件式洋裝，是一件有腰身的無袖短洋裝搭配合身短外套；另一款則是三件式套裝，外面是同一件外套，但裡面則搭配綠色的卡布里褲（capri pant）以及超長的全罩式長裙。這充分顯示出，義大利服裝設計師有能力同時結合服裝的高貴感與特殊性。在1960年代末以前，法國服裝幾乎沒有褲裝。這件晚禮服的材質非常特殊，是一種洋溢著異國色彩與圖案的綢緞，上有別具風格的大花、樹葉以及蝴蝶，搭配著柔和的色彩與光澤。這件外套上滿是串珠裝飾，串珠圖案和內搭的綢緞圖案相呼應，外套的材質則是與內搭服裝相襯的高級綠色皺綢。此外，這件服裝在細節上也很講究，就算暗扣也都用不同顏色的皺綢包覆起來，以搭配整體造型。我們可以從這幾個例子中，看出義大利服裝的色彩、材質、裝飾，以及簡潔的線條，這些特色讓義大利服裝開始脫離法國服裝的影子。我們可以從當年的媒體報導中看到這樣的趨勢，例如，1952年的《女裝日報》就曾經寫道：「滿是刺繡裝飾的晚禮服，在服裝秀中吸引了時尚界的高度重視。」

　　我們也可以從1955年1月的美國《生活》雜誌中，看到義大利晚禮服的其他重要特點。在該雜誌中有一篇文章，標題為「吉娜．蘿拉普吉達：一位電影明星的衣櫥」（Gina Lollobrigida: a Star's Wardrobe），圖片是知名義大利電影明星穿著一件綢緞晚禮服，雖然沒有繁複的刺繡裝飾，但簡潔的線條充分展現了電影明星的優美體態。內容則報導了這位電影明星衣櫥裡的兩百五十件晚禮服，文中說道：「蘿拉普吉達的衣服都是義大利製造，而且絕大部分是由羅馬設計師艾米里歐．舒博斯（Emilio Schuberth）設計，為吉娜量身打造的服裝。」這些服裝使用的材料都很奢華，例如天鵝絨與綢緞，而且許多晚禮服都有豪華的刺繡裝飾。蘿拉普吉達的服裝可以視為義大利高級時

裝的縮影。而義大利高級時裝界自 1940 年代末期開始就已為好萊塢明星設計服裝，設計出來的服裝通常被認為是曲線畢露、充滿魅力和性感。

雖然晚禮服是義大利高級時裝中較為人熟知的款式，但正式的上班服也在美國賣得很好。大致上來說，就像晚禮服一樣，義大利的上班服也是依循巴黎「新面貌」系列服裝的設計風格，例如 1951 年春季號的《義大利線》雜誌上，就刊登著巴黎設計師珍·迪賽（Jean Desses）所設計的灰黑色條紋套裝。但在同一本雜誌中，同時也刊登義大利設計師巴洛佛迪（Baruffaldi）所設計的褐紫色人造絲套裝，與同期的法國套裝比起來，這件人造絲套裝更柔軟、更好穿。這就是義大利上班服的典型設計。

不過，義大利的上班服很少被放在博物館中收藏，部分原因是因為服裝捐贈者及博物館館長不認為這些上班服值得收藏，另一部分則是因為這些上班服時常被穿出去。也許博物館中最具紀念性的上班服是費比安妮（Fabiani）於 1965 年設計的上班服套裝，被收藏在維多利亞與亞伯特博物館中。這是一套由厚羊毛織成的套裝，上有藍紅相間的橫條紋。上半身是雙排扣寬鬆外套，搭配圓領高腰洋裝。這件套裝在視覺上很搶眼，因為它具備了強烈色彩與簡潔線條的衝突美感。也就是這些元素，才能讓義大利的上班服留存至今，並且讓當時的義大利風格得以擺脫法國服裝的影子，獨樹一格。

當年的媒體報導也曾強調義大利上班服的特色。例如 1961 年美國 *Vogue* 雜誌的春季號中，還特別報導義大利服裝的用色。文中寫道：「義大利服裝有代表豐收的杏黃色、甜美的粉紅色、草莓及山茶花般的紅色、淡藍色以及像長春花般的藍色、像翡翠一樣的綠色、橘色、黃色、古銅色等。」義大利時裝在用色上，明顯優於倫敦及巴黎的時裝，這個特點在義大利服裝早期的發展中占有重要地位。義大利時裝設計師從來不會刻意避免使用鮮豔的色系。這篇文章提到的另一件服裝，是費比安妮設計的大衣，文中描述道：「這是一件寬鬆大衣，一面是駝色，另一面則是炭灰色。」

普奇讓休閒成為時尚

比量身訂製的高級時裝低一個層次的，是高級流行成衣，一般稱為「流行女裝」（boutique）。流行女裝是由高級時裝設計師及流行女裝設計師共同製造，並在 1940 年代末期開始銷售海外。不過，一直到 1951 年佛羅倫斯的服裝秀後，義大利流行女裝才逐漸受到全球消費者與國際媒體的注意。紀安尼‧吉尼（Gianne Ghini）對此特別印象深刻（吉尼當年曾經協助籌辦這場服裝秀），吉尼對流行女裝下的定義是，「與眾不同、新奇、令人驚訝，但不怪異。它比高級時裝更舒服、簡單、好穿。服裝的材質與色彩是重要因素。」吉尼還說到了一個重點：「媒體會認為流行女裝比較具有新意，因為這是在法國服裝中找不到的風格。」

流行女裝讓義大利在國際時裝市場上找到一個立足點，而不需與巴黎的高級時裝正面交鋒，或複製巴黎時裝。盧奇‧沙坦布里尼（Luigi Settembrini）是當時的時尚公關，他在文章中呼應了這個觀點，寫道：

在1950年代，義大利服裝以俐落的剪裁、純熟的用色及精緻的手工廣為世人稱道……而流行女裝所具備的實穿性、舒適性和簡單的剪裁，使它在高級時裝秀中，屢屢吸引眾人的目光。流行女裝特別適合現代女性，尤其適合向來積極工作的美國女性。……流行女裝讓我們重新認識女性的穿著習慣。它也代表設計師在嘗試新的服裝款式、材質、製造方式和剪裁上，有更大的自由度。

最常被當時媒體提到的流行女裝，就是艾米里歐‧普奇的休閒針織印花上衣。一般認為普奇是二次大戰後的二十年間，第一個也是最成功的義大利流行女裝設計師。卡拉‧史奇尼從前是普奇的員工，她曾經興奮的表示：「普奇不僅創造了義大利的運動服，事實上，他根本是運動服的鼻祖。在普奇之前，運動服代表寬鬆的上衣加上長褲和帽子。

普奇將運動服和運動概念結合在一起，並且讓它變得有趣。」史奇尼舉普奇的滑雪褲為例（滑雪褲是普奇推出的第一件服裝），她說，「從前的滑雪褲都是毫無特色的寬鬆長褲，讓女人看起來活像一個大紙袋從山上滾下來。但普奇創造出有特色的緊身長褲，讓女性看起來更加有型。」這個新的設計風格，結合創新的用色、款式與材質（例如輕薄的絲質針織毛料），讓滑雪褲更好穿、也更容易保養。

普奇最有名的服裝，是窄管卡布里褲、方形寬鬆剪裁的長版襯衫，和削瘦的襯衫式洋裝，這些服裝都以罕見的亮色系呈現。有人將這些服裝形容為「解放、性感、自

Giorgio Armani EA 2008 FW Collection。

由、放鬆、閃亮、舒服、簡潔、實穿、有特色」。普奇設計的服裝具備一種悠閒性感的味道，這是他最成功的地方。當然，這種服裝風格以及其反映出來的生活型態，與嚴謹而正式的巴黎服裝有很大的差異。我們必須了解一件事，這些服裝都很昂貴，只有有錢人才買得起。對那些經常環遊世界的有錢人來說，普奇的服裝易於攜帶，正好符合他們的生活型態，並反映出他們的優越性。美國《生活》雜誌的時尚編輯曾在 1951 年的文章中，為普奇的服裝風格下了一個註腳，她寫道：「普奇讓休閒成為一種時尚。」這個概念在義大利服裝風格的發展過程中，非常重要。

The Fashion Business

當我們試圖透過現存的服裝去分析當時的流行女裝時，卻發現這很不容易，因為在博物館藏品中，很少有這類型的服裝。不過，我們找到了三個重要的例子。第一個例子是由一位高級時裝設計師所設計的流行女裝，這是由喬凡娜（Giovanna）所設計的半緊身式上班服（喬凡娜是凡塔那三姐妹的其中之一）。這件服裝的材質是厚羊毛，色系是單純的灰色搭配線條整齊的黑白幾何圖形，鈕扣的設計則是簡單的黑色滾金邊。這種簡單中帶著別緻細節或特別材質的設計風格，也可以在凡塔那 1964 年所設計的另外兩件上班服中看到。這兩件上班服分別是兩個不同的顏色，都具有簡單的設計，也都在鈕扣及縫線等細節上有別出心裁的設計，這是超現實主義的設計手法。這幾款服裝都具備典型的義大利流行女裝風格：嚴謹的設計，但在細節上都能抓住視覺焦點，而且價格都比量身訂製的高級女裝便宜。另一個流行女裝設計的例子是，最近捐贈給位於貝斯鎮（Bath）的服裝博物館的女裝。這是一件滑雪套裝，但可能被用來當作休閒冬裝穿。它設計的時間應該在 1950 年代中期以後，整套服裝包括寬鬆外套、套頭毛衣、以及合身的滑雪褲。很顯然的，這和法國服裝的風格形成強烈對比。

唯一公認的由流行女裝設計師設計出來的流行女裝，就是普奇設計的服裝。與其他義大利設計師比較起來，普奇的服裝留存下來的數量比較多，不管是在高級訂製服或流行女裝方面都是如此。這可能是因為普奇的服裝賣得比較好，也可能是因為普奇的服裝比較具有指標意義。例如，在 1988 年，紐約的流行科技學院有 27 件普奇在 1950 年代以後設計的服裝，以及有多達 87 件普奇 1960 年代以後設計的服裝。這些數字證明了，這些年來普奇的服裝在美國愈來愈受歡迎。

由於留存下來的流行女裝太少，因此當時媒體對於流行女裝風格的報導就顯得特別重要。《貝莉瑟》雜誌自 1940 年代末期以來就開始報導這類型的服裝。最典型的例子是 1953 年 7 月號刊登出來的服裝，稱為「海灘風情」。該篇報導包含了數張照片，照片中的年輕模特兒有著蓬鬆的秀髮、打赤腳、穿著兩件式的毛織運動衫，搭配史麥

納塔（Smonetta）設計的長褲與寬鬆的條紋帽，或搭配安東里尼（Antonelli）設計的編繩帽與短褲。這與量身訂製的高級時裝是截然不同的風格。

　　《義大利線》雜誌自 1949 年冬季號開始報導流行女裝的相關訊息，當時特別報導了滑雪度假裝，標題為「零度以下的運動」。該雜誌在那年的夏季號首度報導泳裝與海灘裝，以及一些知名高級時裝公司與流行女裝公司的商品。報導中呈現各種不同的戶外場景與假日感覺：在遊艇上、在碼頭和在海灘。年輕女孩穿著外出服、休閒服、罩衫、卡布里褲、圍巾、比基尼和頭巾，展現歡樂休閒的感覺。在兩年後的另一篇報導中，該雜誌將布朗新尼（Bronnzini）設計的外套形容為「一件夾雜著紅藍黃綠、以流蘇裝飾的毛巾布料樸質外套」。像這樣將日常生活材質用在流行時裝上的作法，非常特別，是歐洲在二次戰後才出現的現象。這種「在簡單中尋求高貴」的趨勢一直持續到整個 1950 年代。

MaxMara 2007 年春夏新裝

除此之外，義大利的流行針織女裝，也呈現出這樣的趨勢。1954 年夏天，針織服裝雜誌《馬傑拉線》發表了一篇文章，標題為「符合現代品味的假日針織服裝系列」。該篇文章報導了一系列時尚女裝設計師所設計的海灘裝，例如普奇設計的棉質印花魚尾造型的卡布里褲，與綁帶涼鞋，搭配漁夫造型的套頭衫，背景則是充滿休閒風情的小船與漁夫。該篇文章寫道：「針織衫是現代人衣櫥裡必備的單品，它不僅是每一季運動服裝的基本款式，也可以穿出高雅的風格，因為它的線條與顏色可以與高級時裝做最完美的搭配。」很顯然的，色彩與實用性，再加上優雅感，是針織衫的最大賣點。

《義大利線》雜誌在 1955 年的報導中，進一步描述了針織衫的這種特質，文中寫道，「優雅的針織衫讓你不管白天或晚上都可以穿它」。這代表 1950 年代聰明女人的全新穿衣方式。過去，女人在白天要穿正式的合身套裝，晚上可能得穿上無肩帶的長裙晚禮服；現在，一件針織衫就可以暢行各種時間、場合。這表示當時的服裝已經開始結合多重功能與精

Giorgio Armani EA 2008 FW Collection。

緻風格。另一個類似的例子出現在一年後的《馬傑拉線》，搭配天藍色的寬口帽與素色的卡布里褲，文中將這套服裝形容為「適合高貴場所的針織服裝」。

在同一期雜誌中，另一篇文章則首度報導羊毛針織質料的城市服裝及套裝，報導中的模特兒看起來輕鬆高雅，穿著一件簡單的芥末色洋裝，造型是立領、腰帶，加上七分袖，這是設計師設計出來的成衣作品。此外，該文還特別報導了艾凡里歐（Avolio）、摩黛拉（Modella）和汪達（Wonda）等設計師的高級成衣作品。這些成衣作品都很寬鬆而且造型簡潔，在細節方面都有一些有趣的設計，例如顏色對比的領口與袖口、中國風格的領口，還有格紋線條的外套。雖然文中大部分在討論黑白格紋的服裝設計，但文章中也同時報導了草莓般的粉紅色、綠色和紫紅色相間條紋等設計，顯然這是義大利服裝的一大賣點。從這些報導我們可以發現，過去並不被視為時尚、只當作實用用途與保暖用途的針織衫，現在已經搖身成為義大利時尚的重要元素，不但如此，它還可以同時做為正式服與休閒服。

《女裝日報》早在 1951 年就已經注意到義大利的流行女裝，那一年義大利首度公開舉辦服裝秀，媒體對義大利流行女裝的興趣，明顯高於義大利的高級量身訂製時裝。在 1960 年代初期，艾米里歐‧普奇接受《女裝日報》的專訪，談到了義大利時尚產業的未來，並談到他對義大利服裝風格的看法，該文的標題寫著：「普奇不看好高級時裝的未來，認為高級成衣將成為未來的時尚趨勢」。

記者在文中寫道：「普奇先生對未來時尚趨勢有很清楚的想法，他很肯定的認為，未來將是休閒服飾的天下。」談到休閒概念，普奇表示：「休閒對我來說，就是一個女人完美搭配她的衣

MaxMara 毛領經典大衣（MaxMara 1957 A/W Collection）。

服，但同時又顯露出輕鬆自在的氣質。」這句話的意思是説，義大利流行女裝的風格，除了簡潔的造型外，還包括一種信手捻來就可成型的輕鬆特質。到了這個時候，義大利服裝與巴黎之間的關係已經完全脱離，《女裝日報》在 1962 年的報導中，點出了義大利女裝與巴黎時裝之間的差異，報導中説：

> 法國服裝基本上是為正式且高貴的室內宴會所設計，但義大利服裝則著眼在輕鬆的戶外休閒生活。若要參加特殊的節慶晚宴，必須選擇法國服裝才夠莊重，而若是要參加一般派對，義大利服裝就是不二選擇。

美國 *Vogue* 雜誌雖然對義大利時裝採取比較保守的觀點，但它從一開始就很強調義大利服裝的休閒特質。例如，*Vogue* 雜誌在 1951 年曾經將義大利服裝與戶外休閒生活畫上等號，當時的文章標題是「休閒時尚：義大利服裝風格」，副標題則是「適合所有南方人的義大利風格」。該篇文章強力推薦義大利的流行女裝設計，它特別舉普奇的服裝為例，表示「普奇的服裝充滿變化而且美麗，色彩豐富、不拘泥於傳統、有鮮明的個人性格與品味」。

到了 1960 年，連法國 *Vogue* 雜誌也用整整六頁的篇幅報導義大利服裝，標題是「義大利逛街去」，這是該雜誌第一次正面肯定義大利的服裝。對法國時尚界來

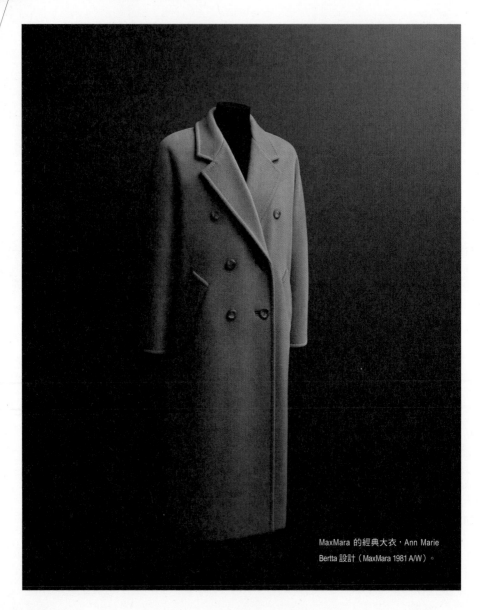

MaxMara 的經典大衣，Ann Marie Bertta 設計（MaxMara 1981 A/W）。

說，義大利服裝一向不被重視，他們認為義大利的流行女裝是「只適合快樂假期的服裝」。因此法國人並不認為義大利服裝對巴黎高級時裝的龍頭地位會造成什麼威脅。不過，像法國 *Vogue* 雜誌出現的這篇報導，證明了義大利流行女裝自二次戰後開始，已經被視為是義大利服裝產業中，最有趣的也最有風格的服裝類別，而且從後續的發展看來，義大利流行女裝的確扮演了引領時尚的重要角色。

MaxMara：義大利成衣領導品牌

義大利的成衣發展，並不像義大利的高級時裝或流行女裝那麼容易界定。這是因為在 1960 年代中期以前，關於義大利成衣的相關報導或評論極少，甚至連義大利雜誌也很難找到類似的報導。因此，關於義大利成衣的部分，我們將採取個案研究的方式，研究義大利成衣的領導品牌——成立於 1951 年的 MaxMara。本個案研究的主要資料，主要是來自於對該公司創辦人阿基里·馬拉摩提（Achille Maramotti）的訪談內容，以及 MaxMara 的檔案資料。

MaxMara 在 1960 年代中期以前的主要商品是外套與套裝，主要訴求對象是中產階級上層的消費者。在 MaxMara 成立之時，它與當時剛成型的歐洲時裝產業並沒有太多聯繫，因此阿基里·馬拉摩提設計服裝的主要靈感來源，乃是來自於美國。馬拉摩提細讀美國的《哈潑雜誌》（*Harper's Barzaar*）（當時在義大利的主要大城市都可以買得到，也可以用郵購的方式買到），並且對雜誌上的美國成衣廣告感到非常有興趣。後來，MaxMara 推出的第一件外套，就是仿照雜誌上的一家美國成衣公司——舊金山的莉莉安（Lilli-Anne of San Francisco）所設計的外套款式。這是一件鐘形剪裁、有和服袖子造型的外套。MaxMara 公司在 1950 年代中期，推出一件剪裁相當簡單的量身訂製套裝，刊登在 *Vogue* 雜誌上，並被賦予高級時裝的評價。

在 1956 年至 1963 年期間，MaxMara 直接從法國時裝中尋找服裝造型。它向巴黎

時裝公司購買設計版型，然後再改良成自己的成衣造型。MaxMara 最偏好巴倫西亞加（Balenciaga）的服裝造型，因為他的服裝造型簡潔、比例精確，很容易改良，而且他的設計方法與 MaxMara 的方法比較接近。相對之下，迪奧服裝誇張的造型，就必須花很多力氣加以簡化，才能符合義大利市場的喜好。雖然這種作法在英國及美國很常見，但在義大利的成衣市場卻是一個新的取向。至少在早期時，MaxMara 的競爭對手都還主攻低價位市場，而且這些公司在財務上都不允許它們到巴黎取經。我們從當時媒體的報導分析中發現，其他公司的主要靈感來源，是來自於國際與當地時尚媒體關於巴黎時裝的報導。因此，義大利的成衣風格並不是參考 1950 年代至 1960 年代初期義大利時裝秀上的服裝造型而來。

　　如同我們先前提到的，義大利在高級時裝、流行女裝及成衣方面的服裝風格，一直到 1965 年才受到國際的肯定。一開始，外國顧客對義大利服裝有興趣，主要是因為義大利的高級時裝具備法國服裝的風格，但定價卻比較低。這些顧客很喜歡義大利時裝的高級質感，尤其是在服裝材質及手工技巧方面，都展現了義大利服裝的精緻性。漸漸的，義大利服裝簡潔的線條以及鮮明的用色，也開始受到消費者的青睞。消費者剛開始是來看義大利高級時裝的時裝秀，但義大利流行女裝那種休閒中帶著高雅的味道，卻意外的受到高度肯定。義大利流行女裝正好符合那個時代的生活型態，展現與法國高級時裝截然不同的風格，並且在服裝質感、材質與色彩上，發展出義大利獨特的風格，因此成為義大利獨樹一格的服裝。而義大利流行女裝也進一步發展出可以大量生產、具時尚感、高品質的休閒服裝，而這也是義大利至今最知名的服裝款式。到了 1960 年代中期，義大利流行女裝那種休閒中帶著優雅的風格，也開始出現在義大利的成衣商品中。

　　在那個時期，義大利時裝在全球散發出來的魅力，是義大利國家風格在時裝界被定位的重要依據。反觀今天，如同克利斯多福‧布里爾德（Christopher Breward）在《時

MaxMara Collection

身著 Armani 洋裝的碧昂絲。

尚文化》（*The Culture of Fashion*）一書中所說的，「從服裝來辨別國家風格，這種辨別方法已經變得模糊」，隨著西方國家對時尚愈來愈重視，設計師也在不同國家之間遊走，再加上服裝時常是在設計師以外的國家製造與走秀，這些因素都讓服裝不再具備界定國家風格的功能。雖然如此，我們還是可以辨別義大利風格的幾個基本特質，這些特質在本章中都有討論到。Versace 的艷麗性感，以及 Armani 的精緻手工，都受到國際一致認同與讚賞。高品質、舒適創新的材質與線條，依舊是義大利時裝風格的主要特質。但許多人也許不知道，義大利當今橫掃全球的服裝風格，其實是源自於二次戰後那段時期逐漸成形的義大利服裝風格。即使是當今 Prada 及 Gucci 必備的元素——

利用服裝材質、版型、色澤、紋路，以及裝飾所表現出來的奢華感與現代感，都與義大利早期那種簡單性感的流行女裝有明顯的關連。如今，雖然服裝的風格定位逐漸模糊，但義大利時裝展現出來的鮮明風格，還是與法國服裝有明顯的區隔，因為法國服裝強調的是新潮設計的實驗性而非實穿性。美國依然對義大利服裝有持續性的影響，因為有愈來愈多美國人，受邀擔任義大利時裝公司的設計師與執行長，而且有愈來愈多美國明星穿著義大利服裝亮相，成為義大利服裝最重要的宣傳管道。

Giorgio Armani EA 2008 FW Collection。

　　現在，義大利服裝的休閒風格在全球時尚界引領風騷，這主要是奠基於 1950 年代及 1960 年代初這段時期的發展。一直到 1960 年代末期，全球時尚界終於開始注意到義大利的時裝風格並且大加肯定。普奇在 1960 年代接受《女裝日報》專訪時預測「高級時裝將式微，成衣將引領時尚」，完全正確。自二十一世紀以來，義大利時裝就以實穿優雅的高品質成衣聞名於世，而這樣的國家風格定位，正是義大利時裝今日獲得成功的最重要關鍵。

感謝以下公司提供圖片及資料協助

＊嘉裕西服：32、33、42、212、213、214、218、221、222、227、229、230、235、237、238、241、242、245、246、250、251、256

＊華敦集團：123、124、125、127、129、130、134、136、248、252、253、255

＊麥羨雲：31、36、40、97、184、209、212

＊台灣蒙地芬：35、217

＊湯米席爾菲格台灣分公司：162、171、174、176、180-181